すぐに役立つ

財産管理【信託・成年後見・遺言】の法律知識と活用法

認定司法書士 松岡 慶子 監修

三修社

本書に関するお問い合わせについて

　本書の記述の正誤に関するお問い合わせにつきましては、お手数ですが、小社あてに郵便・ファックス・メールでお願いします。大変恐縮ですが、お電話でのお問い合わせはお受けしておりません。内容によっては、お問い合わせをお受けしてから回答をご送付するまでに1週間から2週間程度を要する場合があります。

　なお、本書でとりあげていない事項についてのご質問、個別の案件についてのご相談、監修者紹介の可否については回答をさせていただくことができません。あらかじめご了承ください。

はじめに

　誰しも、自らの財産の管理においては、自らの考え方を反映させたいと考えるでしょう。しかし、高齢や障害などの影響により、財産の管理について悩んでいる人は少なくありません。日本は、これから本格的な高齢化社会を迎え、財産管理に悩む方は多くなることが考えられます。これまでであれば、身近な親族などにより、財産管理が行われることが多くありましたが、その身近な親族がいなかったり、また、高齢や障害などにより財産管理ができないことが増えると思われます。そこで、財産管理についての制度を理解しておく必要があります。

　本書は、将来自ら財産の管理ができなくなった場合に、どのように財産管理をしていくかについて悩んでいる人をおもな対象としています。財産管理にはさまざまな制度があります。本書では、信託、成年後見制度、遺言などの相続について取り上げています。

　第1章で成年後見、信託、遺言をはじめとする財産管理の全体像、第2章で信託法の基本について解説しています。信託は、これから、利用者の増加が期待される制度です。そのため、知識のない人で無理なく読めるように解説しました。第3章で成年後見制度の全体像について取り上げました。成年後見制度の基本的な知識から、必要な手続きまで詳細に解説しました。第4章で将来に備えるための遺言や相続の知識について解説しました。

　本書は、2018年に成立した相続法改正をはじめ、その他重要な法改正にも対応しています。

　本書を活用することによって、信託・成年後見制度・相続という制度の理解を深めていただくとともに、実際の財産管理に役立てていただけることを祈念します。

監修者　認定司法書士　松岡　慶子

Contents

はじめに

第1章 財産管理の全体像

1 財産を管理するための方法にはどんなものがあるのか	10
2 成年後見制度とはどんな制度なのか	16
3 遺贈と相続の違いについて知っておこう	19
4 遺言書など不要だと思っていないか	22
5 遺言書の役割について知っておこう	24
6 遺言や遺産分割についての改正ポイントをおさえよう	27
7 信託とはどんなものなのか	31
8 信託法とはどんな法律なのか	35
9 信託できる財産について知っておこう	38
10 個人信託（家族信託）とはどんなものなのか	42
11 各制度を上手に活用しよう	47

第2章 信託契約のしくみ

1 信託の基本ルールをおさえておこう	50
2 受託者にはどんな権限と責任があるのか	53

3	受託者の義務について詳しく知っておこう	57
4	受託者が受益者に対して負う責任について知っておこう	64
5	信託管理人・信託監督人について知っておこう	66
6	受託者の任務が終了する場合について知っておこう	68
7	受益者にはどんな権利があるのか	71
8	委託者について知っておこう	77
9	信託はどのように設定すればよいのか	79
10	福祉型信託について知っておこう	84
11	遺言代用信託について知っておこう	87
12	受益者連続型信託について知っておこう	89
13	特定贈与信託について知っておこう	91
14	後見制度支援信託について知っておこう	94
15	信託と税金について知っておこう	99
16	信託の変更について知っておこう	102
17	信託の終了と清算手続きについて知っておこう	105
18	信託契約書の作成方法について知っておこう	108
	書式 信託契約書	109
19	信託登記について知っておこう	113

第3章　成年後見制度のしくみ

1 法定後見制度について知っておこう	116
2 任意後見制度について知っておこう	118
3 任意後見と法定後見はどこが違うのか	120
4 後見について知っておこう	126
5 保佐について知っておこう	128
6 補助について知っておこう	130
7 成年後見人等にはどんな人がなれるのか	132
8 後見人等の義務・仕事について知っておこう	134
書式 財産目録（初回報告）	137
書式 年間収支予定表（初回報告）	139
書式 連絡票	140
書式 後見等事務報告書（定期報告）	141
書式 財産目録（定期報告）	144
9 財産管理や費用請求の問題点について知っておこう	146
10 後見人の任務の終了について知っておこう	151
11 後見人等を監視する制度もある	153
12 法定後見開始の申立てについて知っておこう	156
13 申立てにかかる費用や必要書類について知っておこう	161
書式 後見開始申立書	165
14 審判について知っておこう	167

15 鑑定はどのようにして行われるのか	169
16 任意後見制度を利用する	172
17 任意後見人について知っておこう	176
18 任意後見契約書は公正証書にする	178
書式 任意後見契約公正証書	180
書式 任意後見監督人選任申立書	184
19 任意後見監督人について知っておこう	186
20 任意後見はどんな場合に終了するのか	189
書式 解除通知書（任意後見監督人選任前）	191
書式 解除通知書（任意後見監督人選任後）	191
Column　成年後見とセットで信託を活用する	192

第4章　さまざまな財産管理等委任契約のしくみ

1 見守り契約について知っておこう	194
書式 見守り契約書	197
2 財産管理等委任契約について知っておこう	200
書式 財産管理等委任契約書	202
3 死後事務委任契約について知っておこう	203
書式 死後事務委任契約書	205
4 生前契約について知っておこう	207
書式 生前契約書	209

第5章　将来に備えるための遺言や相続の知識

1　遺言の種類について知っておこう	212
2　遺言書を書くときの注意点について知っておこう	217
書式 認知症の妻に土地と家を遺したい場合の遺言書	224
書式 親のいない孫に財産を遺したい場合の遺言書	225
3　代筆や文字の判読、日付の記載、訂正をめぐる問題について知っておこう	226
4　法律上の形式に反する遺言の効力について知っておこう	231
5　遺言執行者について知っておこう	234
6　相続分は遺言で変えられる	236
7　配偶者に認められている相続上の権利について知っておこう	241
8　特別受益を受けると相続分はどう変わるのか	244
9　寄与分を受けると相続分はどう変わるのか	247
10　遺留分について知っておこう	251

第1章

財産管理の全体像

1 財産を管理するための方法にはどんなものがあるのか

本人の状況、必要な支援の程度と期間・費用等を総合的に考える

■財産管理についての情報を手に入れるには

　実際に**財産管理**を他人にゆだねることを考えたとき、また将来の自分や家族の生活を安定させようと考えたとき、どの制度を利用すればよいのか、わからなくなることがあると思います。専門家に相談したり、自治体の相談窓口に相談する前に、ある程度自分で理解しておくことは、後のさまざまな場面で役立ちます。各地域の福祉相談窓口や専門家による支援センター、法務省や厚生労働省といった政府機関のホームページでも各制度についてわかりやすく説明されています。こうしたホームページも参照してみるとよいでしょう。

■財産管理を人に頼みたい場合の手段

　自分の財産管理を他人に頼みたいと思った場合に、信託、法定後見、任意後見、財産管理等委任契約、といった複数の方法が考えられるため、どの制度を利用すればよいか迷うかもしれません。この場合、現時点での判断能力の有無によって分けて考えるとよいでしょう。

・現時点で判断能力が十分ある場合

　「今のところ判断能力は十分だが、少しずつ物忘れが増えてきているため、今のうちに自分の将来に備えておきたい」と考えているケースでは、現時点では判断能力に問題がないため、法定後見制度を利用することはできません。このような場合、任意後見契約（174ページ）や財産管理等委任契約（200ページ）を結ぶか、信託（31ページ）を利用することが考えられます。

　任意後見契約は、本人に判断能力があるうちに、将来、認知症など

で判断能力が低下した場合に備えて、あらかじめ、信頼できる人（任意後見人）との間で財産管理のあり方や、医療や介護などの手配についての取り決めをする契約です。契約締結には判断能力が必要ですが、判断能力の低下しない限り効力は発生しないため、判断能力がある間の財産管理を依頼することはできません。

　しかし、判断能力はあっても、身体機能が低下したり、事故や病気で体が不自由になり外出が困難となった場合、銀行や役所での手続きや日常的な支払いを誰かに手伝ってもらう必要がでてくることもあります。そんなときに、利用できるのが**財産管理等委任契約**です。財産管理等委任契約は、財産の管理をお願いする人（委任者）と財産の管理をお願いされる人（受任者）が、財産管理についての委任契約を結ぶことで、受任者は、委任者の代理人として、財産管理に必要な事務を処理することになります。財産管理等委任契約を締結するには、本人に判断能力があることが必要です。委任する内容については法に反しない限り自由に決めることができますが、広範にわたって包括的な代理権限を受任者に与えてしまうと、勝手に財産を処分される危険性

● 財産管理を人にゆだねる方法

	現在（判断能力あり）	現在（判断能力不十分）	将来（判断能力不十分）
法定後見	利用不可	利用可能	利用継続
任意後見	任意後見契約締結可	原則契約締結不可	任意後見契約締結済みの場合、利用可能
財産管理委任契約	利用可能	契約締結能力がない場合には不可	契約締結能力がなくなった場合不可（通常、任意後見契約とセットで契約するので、その場合は任意後見に移行）
信託	利用可能	契約締結能力がない場合には不可	判断能力があるときに信託契約を結んでいた場合にはその内容に従って運用される

も否定できませんので、代理権限は限定しておく方がよいとされています。実務上では、任意後見契約といっしょに締結されることが多く、判断能力はあっても体が不自由になった場合や、病気やケガで長期的に入院した場合などに、家賃や水道光熱費などの支払いや日常的な財産管理や、病院の入退院や介護施設への入退所等の手続きや支払いなどを代行してもらうために利用されています。判断能力が低下しても、財産管理等委任契約は当然には終了しませんが、後見制度のように財産管理をゆだねられた者（受任者）をチェックする機関がないため、受任者が勝手に財産を処分したり費消する危険性は十分考えられます。そのため、判断能力低下後は、財産等委任契約は終了することを定め、判断能力低下後の財産管理として任意後見契約といっしょに契約するのがスムーズです。

　本人に判断能力がある場合、財産管理等委任契約の他に、**信託契約**を締結することもできます。信託とは、財産の所有者（委託者）が、信頼できる人（受託者）に不動産や預貯金などの財産（信託財産）を移転して、信託財産から利益を受ける人（受益者）のために信託財産を管理・運用する制度です。営利を目的とせず、もっぱら個人の財産管理や資産承継を行う信託を民事信託といい、認知症対策などに利用されています。信託を利用すれば、判断能力がある間の財産管理から、判断能力低下後の財産管理、さらには本人の死後の資産承継についても一つの契約で実現させることができます。

　この他、近年では、一人暮らしの高齢者が増加したこともあり、死後の葬儀や埋葬などの手続きや、自宅の遺品整理など死後の事務手続きについてあらかじめ契約を締結する人が増えています。この契約を**死後事務委任契約**といい、契約の締結には判断能力が必要となります。

・現時点で判断能力が不十分な場合

　判断能力が不十分な場合は、契約を締結することができませんので、任意後見契約や財産管理等委任契約、信託契約などを利用して財産管

理を依頼することはできません。この場合は、**法定後見制度**の利用を検討することになります。

法定後見には判断能力の程度に応じて後見・保佐・補助という３種類の支援制度があります。**後見**は、判断能力がほとんどない人を支援する制度です。日常生活に関する行為を除くすべての法律行為について後見人に包括的な代理権が与えられており、本人の財産はすべて後見人が管理することになります。**保佐**は、判断能力がかなり衰えてきた人を支援する制度です。貸したお金を返してもらったり、家や高価な財産を売ったり貸したりするなど一定の重要な法律行為について保佐人に同意見と取消権が与えられていますが、どのような行為を代理してもらうかについては本人の意思が尊重されます。**補助**は、判断能力に不安がある人を支援する制度です。一人でできないことだけをサポートする制度なので、どのような行為について補助人に代理権や同意権を与えるかは本人が決めることになります。

■残された家族の将来に備えるための手段

自分自身の将来の備えは万全であっても、家族の将来を考えると不安になる場合もあります。

自分自身については、任意後見契約や財産管理等委任契約で老後の備えをしていたとしても、精神障害のある配偶者や子どもの保護を考える場合には、いくつかの方法が考えられ、迷うところです。とくに、自分が生きている間は、任意後見契約や財産管理等委任契約の中で、自己の財産管理に付随させる形で、家族を養うことも可能ですが、自分が死んでしまった場合には、残された遺族の生活をどのように守るのかは、難しい問題だといえます。たとえば、すでに精神障害がある家族について、法定後見制度を利用して自分が成年後見人等となっている場合、自分の死後についての不安も残るでしょう。

このように、長期的な視野に立った場合、信託を利用して自分の生

前死後に関わりなく生活を支援していく方が安心だといえます。

　信託の利用と同時に、遺言（24ページ）で細かい内容を定め、遺言執行者を定めておくことも大切です。

　信託は、金銭や土地などの財産を活用する制度ですので、あらかじめ計画を立てて財産を用意しておくことも必要になります。信託には遺言代用信託（89ページ）、受益者連続型信託（89ページ）、特定贈与信託など、さまざまな制度があります。また、成年後見制度との関係では後見制度支援信託（94ページ）を活用することもできます。

■財産侵害を受けている場合の成年後見制度の利用

　たとえば、親が認知症で施設に入所していて、兄弟姉妹間で親の財産についてのトラブルが生じているような場合には、法定後見の利用が考えられます。判断能力が不十分な高齢者の所有している財産を、勝手に処分する可能性がある者がいる場合には、それが兄弟姉妹に限らず親戚や第三者であったとしても、法定後見制度を利用して本人（親）の身上面や財産面を守る方法を考えた方がよいでしょう。

　判断能力が十分な人であれば、勝手に処分されないように十分対応できますからそれほど問題はありません。しかし、判断能力が低下している高齢者の場合には、自分の財産を守れない可能性があります。

　このような場合には、本人の判断能力の状況に応じて後見・保佐・

● 生前・死後の家族の扶養

	現存	判断能力低下時	死後
信　託	利用可能	判断能力があるうちに締結した信託契約に従って運用継続	判断能力があるうちに締結した信託契約に従って運用継続
遺　言	効果未発生	効果未発生	効果発生

補助の中から利用する制度を選び、家庭裁判所に成年後見人等の選任を申し立てます。申立時に候補者を立てることもできますが、親族間でトラブルが生じているような場合には、意見をまとめることも難しくなりますから、家庭裁判所にまかせる方法が無難でしょう。

■ 親の財産管理に限界を感じた場合

現状では、信託や成年後見制度、財産管理等委任契約などが活用できるケースであっても、親の財産管理を、子が制度を利用せずに行っていることが多いのが現実です。

たとえば物忘れが激しくなった親の身上の世話から財産管理までその子や配偶者が行っているケースがかなり多く見受けられます。

こうしたケースでは、親の財産管理をしている人一人では対応しきれなくなって困っていたり、追い詰められていることもあります。

そこで、親の状態によって異なる対応が必要になります。物忘れが激しいとはいえ判断能力が不十分とまではいえない状態なのか、判断能力が不十分な状態なのか、によって、利用できる制度が異なるからです。

判断能力の低下が軽い場合には、親自身が、信頼できる第三者との間に財産管理を委任する契約を結ぶこともできます。このときに、判断能力が低下した時に備え、**任意後見契約**を結んでおくこともできます。判断能力の低下が進んでいる場合には、親自身で契約を結ぶことはできませんから、法定後見の利用を考えることになります。

なお、家庭裁判所の審判がなされると、選任された成年後見人等が親の財産管理の支援にあたることになりますが、親の具体的な介護などは、成年後見人等が行うわけではありません。別途、介護サービスの利用を考えるなどして、子や配偶者の負担を軽減することを考えるようにしましょう。

15

2 成年後見制度とはどんな制度なのか

判断能力の衰えた人の保護と尊重を考えた制度である

■ 判断能力が不十分な人を助ける制度である

成年後見制度とは、精神上の障害が理由で判断能力を欠く人や不十分な人が経済的な不利益を受けることがないように、支援する人（成年後見人等）をつける制度です。精神上の障害とは、知的障害や精神障害、認知症などです。

たとえば、介護や財産管理などのように、高齢者や障害をもった人が生活をする上では他人の手助けが必要になる場合が少なくありません。

手助けを家族が行えない場合も増えてきました。行政が措置として行っていた介護も、介護保険制度の導入を機に、契約を前提とするサービスへと変わりました。本人の意思を介護の現場に反映しやすい制度になったともいえますが、要介護認定を受けた人自身が自分に必要なサービスについての契約を結ばなければならなくなったのです。こうした社会の変化に対応するため、成年後見制度が作られました。

成年後見制度を利用するとこのようなメリットがある一方で、デメリットもあります。デメリットとしてまず挙げられるのは、一定の職業に就くことができなくなることです。弁護士、税理士、医師、薬剤師、社会福祉士、介護福祉士などの一定の資格に就くことができなくなります。会社の役員（取締役や監査役など）にもなれません。

また、成年後見の開始の申立てをしてから実際に後見が開始するまでの手続きに時間がかかります。急いでいるときにすぐには利用できないという点もデメリットだといえます。

手続きが迅速性に欠ける点については、任意後見制度を利用してあらかじめ準備をしておいたり、財産管理等委任契約を結ぶといった方

法で対応することもできます。

成年後見制度を利用できる対象は

成年後見制度を利用できる人は、精神上の障害によって判断能力がない人や不十分な人です。原則として、判断能力がない人の場合には後見、判断能力が不十分な人の場合には保佐や補助の制度を利用することになります。精神上の障害によることがこの制度を利用する条件となっていますから、身体上の障害だけでは、この制度の対象にはなりません（身体上の障害に加えて精神上の障害もある場合は別です）。

どのような利用の仕方があるのか

成年後見制度には、すでに判断能力に問題がある場合に利用される「法定後見制度」と、将来、判断能力が低下した場合に備える「任意後見制度」という2種類の制度があります。

法定後見制度は、認知症が進行するなど、すでに判断能力に問題がある場合に、家族などが家庭裁判所へ申し立て、代理人（後見人）を選任してもらう制度です。

一方、任意後見制度は、判断能力がしっかりしているうちに、将来

● 成年後見制度のポイント

理念	本人の自己決定の尊重と本人の保護の調和
支援の内容	・財産管理（本人の財産の維持・管理） ・身上監護（生活に関する手配、療養・介護の手配など）
支援の類型	・法定後見制度 　後見、保佐、補助（本人の判断能力の程度に対応） ・任意後見制度 　本人が契約によって後見人を選任
公示方法	登記制度による（戸籍への記載は廃止）

判断能力が低下した場合に備えて、あらかじめ、信頼できる人（任意後見人）との間で財産管理のあり方や、医療や介護などの手配についての取り決めをする契約のことで、本人の意思により支援内容や後見人を決定できる点が、法定後見制度との大きな違いとなります。

　また、両制度の違いのひとつとして、法定後見人に与えられた取消権が任意後見人には与えられていないことがあります。そのため、悪質商法など本人が不利な契約を締結した場合、任意後見制度ではその契約を当然には取り消すことができません。本人保護の点では法定後見制度の方が手厚いといえます。

　その反面、法定後見制度では居住用不動産（本人が現に住んでいる、施設に入所する直前に住んでいた、近い将来転居する予定の建物と敷地のこと）を売却する場合には裁判所の許可が必要で、許可が得られるまでに時間がかかったり、あるいは許可が得られないこともあります。任意後見制度では契約内容に記載されていれば、裁判所の許可がなくても居住用不動産を売却することができるため、将来的には自宅を売却したお金で施設へ入所することを予定している場合は、任意後見制度を利用した方がスムーズだといえます。

　いずれの制度を利用するかは、本人の判断能力の程度にもよります。

　任意後見制度を利用するには、判断能力があるうちに、信頼できる人との間でどのような支援を希望するかについて、あらかじめ書面（公正証書）で任意後見契約を結ぶ必要があります。

　すでに判断能力が低下している場合は、任意後見制度は利用できませんので、法定後見制度を利用していくことになります。

　任意後見契約は本人の判断能力が低下した後、家庭裁判所で後見監督人が選任されて初めて効力が発生します。そのため、任意後見人となる人に定期的にあったり連絡を取ってもらって、任意後見をスタートさせる時期を判断してもらう必要があります。こうしたことを依頼する契約を**見守り契約**と呼んでいます。

3 遺贈と相続の違いについて知っておこう

遺言で相続分の指定があればそれに従う

■ 遺贈について

　遺贈とは、遺言による財産の贈与のことです。**遺言**の制度は、被相続人の生前における最終の意思を法律的に保護し、その人の死後にその実現を図る制度です。自分の死後について、生前に財産分けを口にするとトラブルになることもありますし、生前には伝えたくないこともあります。そこで、民法は遺言の制度を設けています。

　遺言は、民法で定められた一定の様式を備えた遺言書を作成しておいた場合にのみ法的な効果が与えられます。

　遺言に記載される事項は、一般には財産の処分に関することがほとんどです。財産を与える人（遺言をした人）を**遺贈者**といい、財産をもらう人を**受遺者**といいます。遺贈は遺贈者から受遺者への財産の贈与ですが、人の死亡を原因として財産を取得するという点では相続と同じですから、受遺者には贈与税ではなく相続税が課税されます。

　受遺者は誰でもかまいません。遺贈者が自由に決めればよいのです。妻や子はもちろんのこと、両親・孫・兄弟姉妹でも、血縁関係のない第三者でもかまいません。また、会社など法人に対して遺贈をするこ

● 遺贈の概要

内容	遺言による財産の贈与
受遺者	遺贈者が自由に決定可
受遺者の死亡	受遺者が被相続人よりも先に死亡した場合遺贈は無効
遺贈の放棄	特定遺贈の場合、被相続人の死亡後ならいつでも放棄可。包括遺贈の場合、受遺者となったことを知ったときから３か月以内であれば家庭裁判所への申述により放棄可。

ともできます。ただし、遺贈をする際には、遺留分に注意しなければなりません。遺留分を侵害した財産処分は、後日、遺留分侵害額請求が起こされ、かえってトラブルが生ずるおそれがあります。

　なお、遺贈と区別すべき用語として、**死因贈与**があります。死因贈与は、遺言によるのではなく、「私が死んだら300万円を贈与する」というように、贈与する人の死亡という条件がついた贈与契約です。死因贈与も贈与者の死によって有効になる生前契約の贈与です。

■分割方法の指定がある場合、ない場合

　遺言で全遺産について分割方法の指定があれば、相続開始と同時に当然に遺言に基づいて分割され、遺産分割協議は不要です。ただし、相続人や受遺者が全員で同意すれば、遺言と異なる方法で遺産分割をすることができます（遺言執行者がいる場合は、その同意も必要）。

　遺言で全遺産についての分割方法の指定がない場合は、遺贈の態様によっては遺産分割が必要になることがあります。

① 　特定遺贈の場合

　「不動産はＡに、株式はＢに」というように遺言者の財産を具体的に特定して行う遺贈をいいます。対象財産は、遺産分割の対象から外れますから、残りの財産について遺産分割協議をすることになります。

② 　包括遺贈の場合

　遺言者が財産の全部または一部を一定の割合を示して遺贈する方法で、全部包括遺贈と割合的包括遺贈があります。

　全部包括遺贈の場合は、遺産分割手続きを経ることなく相続開始と同時に当然にすべての資産と負債が受遺者に移転します。割合的包括遺贈とは、たとえば、「Ａに全財産の３分の１を、Ｂに４分の１を」「全財産の30％を○○に遺贈する」というもので、この場合は、その割合を基準とした遺産分割が必要になります。ただし、極めて例外的に個々の財産のそれぞれについて指定割合に応じた共有持分を取得さ

20

せる意思が明白な場合は、遺産分割協議をする必要はありません。

■ 遺贈の放棄

　財産だけでなく借金があった、あるいは遺産がほしくないなどの事情があれば、受遺者は遺贈を放棄できます。遺贈の放棄の方法は、特定遺贈と包括遺贈で異なります。特定遺贈の放棄は、相続人や遺言執行者に対し、放棄の意思表示を行うだけでよく、放棄は遺言者の死亡のときに遡って効力が生じます。特定遺贈によって財産を取得する特定受遺者は、債務についてはとくに指示がない限り負担する義務はありません。包括遺贈の場合は、受遺者は相続人と同一の権利義務を有するため、財産だけでなく借金も受け継ぐことになります。そのため遺贈を放棄するには、相続放棄と同様、受遺者となったことを知ったときから３か月以内に家庭裁判所に申述して行う必要があります。また、遺産を処分したり隠匿した場合には放棄できなくなります。

■ 受遺者が死亡した場合

　受遺者が被相続人よりも先に死亡していた場合や事故などで被相続人と同時に死亡した場合は、その受遺者への遺贈は無効になり、受遺者の子にも代襲相続（238ページ）の権利は生じません。遺贈される予定だった財産の扱いは、遺産分割協議で決められることになります。

● 相続・遺言・死因贈与・生前贈与

	内 容	相続人・受遺者	課せられる税
相続	被相続人の死亡によって財産が移転	一定の身分関係の人が相続人になる	相続税
遺贈	遺言書による財産の贈与	遺言者が指定した受遺者	相続税
死因贈与	人の死亡を条件とする贈与	贈与者が指定した受贈者	相続税
生前贈与	生前に財産を無償で他人に譲渡	贈与者が指定した受贈者	贈与税

第1章　財産管理の全体像

4 遺言書など不要だと思っていないか

日本人には、遺言書に関する誤解が多い

■相続と遺言の関係

　相続とは、被相続人の死亡により、その遺産が相続人に移転することです。つまり、「死亡した人の遺産を相続人がもらうこと」です。

　被相続人とは、相続される人（死亡した人）のことで、相続人とは、遺産を受ける人のことです。もっとも、この場合の「遺産」とは、土地や株式など金銭的評価ができるものの他にも、被相続人に借金などが残されているときは、これも遺産に含まれるため、相続人に受け継がれることになります。

　相続といえば、民法が定める法定相続分の規定が原則と考えている人が多いようです。しかし、それは誤解です。遺言による指定がないときに限って、法定相続分の規定（民法900条）が適用されます。つまり民法では、あくまでも遺言者の意思を尊重するため、遺言による相続を優先させています。相続分の指定だけでなく、遺言で遺産の分割方法を指定したり、相続人としての資格を失わせる（廃除）こともできます。また、遺言によって、子を認知することや未成年後見人を指定することもできます。これらの事柄について書かれた遺言には、「法律上の遺言」として法的効力が認められます。

■法律どおりに行えば問題はないのではないか

　「法律どおりに財産を分ければ問題は起こらないはずだ」と考える人も多いです。たしかに民法には、相続に関する規定があります。夫が亡くなった場合、妻は遺産の半分、子どもたちは残りの半分を均等に相続する権利が認められています。しかし、これは、あくまで権利

があるというだけの話で、法律のとおりに相続しなければならないと強制しているわけではないのです。子どもたちが父親の財産はいらないと言った場合は、妻が遺産のすべてを相続しても法律的に何の問題もありません。何よりも優先するのは、相続人の合意なのです。

　遺産の中身によっては、簡単に分割できない場合もあります。不動産が典型です。相続についてのルールを定めている民法の規定どおりにするためには、不動産を売却してお金で配分するしかなくなります。売却できればまだよい方かもしれません。相続人の一部の人がその不動産に住んでいるような場合、法律どおりに配分しようとすれば、住んでいる人を追い出さなければならないなどの不都合が生じます。

■ 家族に迷惑をかけたくなければ必要

　「遺言書を書くと、内容によっては家族にトラブルが起こる」「財産など家族のためにも残すつもりはない」といった理由で遺言書を作らない人もいるようです。しかし、むしろ事前に意思を明確にしておけば、残された家族が相続をめぐりトラブルに巻き込まれずにすみます。なぜなら、遺言書がないと、遺産相続の手続きの中で最も難しい遺産分割協議をする必要が出てくるからです。遺産分割協議は、死亡した人の財産や負債をすべて明らかにする必要があり、重労働です。遺産相続に必要な書類を集めるのにも一苦労する場合があります。このように、遺言書がないがために、残された家族が大変な苦労を強いられる場合があるため、生前に遺言書を用意しておく必要があるのです。

　なお、遺言書を書いたら、財産を使えなくなったり、税金がかかったりするというのは、明らかな誤りです。遺言書の財産は、あくまで死亡時点での財産を指します。遺言書を書いただけでは税金は一切、かかりません。相続税は、あくまで相続を受けた時点で相続人にかかるものです。ただ、遺産の金額や分け方によって、相続税が変わる場合があります。

第1章　財産管理の全体像

23

5 遺言書の役割について知っておこう

トラブル予防のために遺言書の作成は大切

■ 遺言があれば遺産分割協議を省略できる

遺言があれば、相続トラブルの多くは回避できたといわれるほど、遺言には相続争いを未然に防止する効果があります。それというのも遺言があれば、トラブルが多発する相続人全員による遺産分割協議を省略させることができるからです。

ただし、遺産分割協議を省略させるには、遺言においてすべての財産についての分割方法を定めておく必要があります。一部でも分割方法が記載されていない財産があれば、遺産分割協議が必要となります。また、「妻に遺産の3/4、長男に遺産の1/4を相続させる」といった相続分の割合しか記載されていない場合も、具体的にどの財産を誰が取得するかを決める必要があるため、遺産分割協議を省略させることはできません。

遺言をするには、遺言能力が必要です。遺言能力とは遺言者が遺言事項を具体的に決定し、その遺言によって自分が死んだ後にどのような結果をもたらすのかを理解できる能力をいいます。民法上は15歳以上の者に遺言能力を認めています。認知症を発症している場合でも、その判断能力の程度によっては有効に遺言を作成できるケースがありますので、専門家に相談してみるとよいでしょう。

■ 遺言できる内容は

遺言による相続の指定は、法定相続分による相続よりも優先されますが、その他にも以下の事項を遺言により行うことができます。

① 財産処分

法定相続人がいるとしても、相続人以外の人に遺産をすべて遺贈（寄附）することができます。相続人の遺留分（251ページ）について遺留分侵害額請求権（相続法改正前の遺留分減殺請求権に相当）を行使される可能性はありますが、遺言それ自体は無効になりません。

② **推定相続人の廃除または廃除の取消し**

　遺言で推定相続人の廃除（被相続人の意思により、家庭裁判所が、兄弟姉妹以外の相続人になる予定の人が持つ相続権を奪うことをいいます）やその取消しの請求を行うことができます。ただし、遺言執行者が家庭裁判所に相続廃除やその取消しを請求するので、遺言には遺言執行者を選任することも必要です。

③ **認知**

　認知とは、非嫡出子との間に法律上の親子関係を創設することです。遺言による認知も可能ですが、認知の届出は遺言執行者が行うので、遺言で遺言執行者を選任することも必要です。

④ **後見人および後見監督人の指定**

　子が未成年者の場合、最後に親権を行う被相続人は、遺言により被相続人が信頼している人を後見人や後見監督人に指定できます。

⑤ **相続分の指定または指定の委託**

● 遺言できる内容

①	財産処分	⑥	遺産分割方法の指定・その委託
②	相続人の廃除・廃除の取消し	⑦	遺産分割の禁止
③	認知	⑧	相続人の担保責任
④	未成年後見人・未成年後見監督人の指定	⑨	遺言執行者の指定・その委託
⑤	相続分の指定・その委託	⑩	遺留分侵害額請求方法の指定

※特別受益の持戻し免除や、信託の設定、生命保険金の受取人の変更なども可能。

民法で定められている法定相続分の割合とは異なる割合で相続分をしているするすることです。遺留分の規定に反することはできませんが、これに反していても遺言それ自体は無効になりません。相続分の指定を第三者に委託することも可能です。

⑥　**遺産分割方法の指定または指定の委託**

あらかじめ遺言で指定をしておくこともできます。

⑦　**遺産分割の禁止**

遺産分割をめぐり相続人間でトラブルになりそうな場合は、遺言により5年以内に限って遺産分割を禁止することができます。

⑧　**相続人相互の担保責任の指定**

各相続人は、他の相続人に対して、公平な相続財産の分配を行うために、相続分に応じて担保責任（ある相続人の相続財産に欠陥、数量不足、一部滅失などの問題がある場合に他の相続人が負う責任のこと）を負います。しかし、「担保責任を一切負わない」とするなど、相続人が負う担保責任の内容を遺言によって変更することができます。

⑨　**遺言執行者指定または指定の委託**

遺産の登記手続きなど遺言の内容を確実に実行するための遺言執行者を遺言で指定できます。遺言で認知を行うか、廃除やその取消しを行う場合は、遺言執行者を指定することが必要です。

⑩　**遺留分侵害額請求権の行使方法の指定**

兄弟姉妹以外の相続人には遺留分が認められます。贈与や遺贈が遺留分を侵害する場合、遺留分権利者は、遺留分侵害額請求権（相続法改正前の遺留分減殺請求権に相当）を行使できますが、特定の贈与や遺贈を自由に選択して行使することまでは認められていません。

つまり、遺留分侵害額請求権は「遺贈→贈与」の順序で行使することになっていますので（252ページ）、遺言でこの順序自体を変更することはできません。ただし、遺贈が複数ある場合に、どの遺贈から先に行使すべきかを遺言で指定することは認められています。

6 遺言や遺産分割についての改正ポイントをおさえよう

自筆証書遺言の要件の緩和や一部分割に関する規定が重要である

遺言制度に関する見直し

　遺言には、自筆証書遺言、公正証書遺言、秘密証書遺言の３種類の遺言方法がありますが、実際によく利用されているのは公正証書遺言と自筆証書遺言です。**公正証書遺言**とは、公証役場で公証人に作成してもらう遺言のことで、無効となるおそれが少なく、また公証役場で保管してもらえることから、紛失や偽造等の危険性も低いとされています。一方、**自筆証書遺言**は、全文・日付・氏名を自書し、これに押印することで作成されます。そのため、作成に際しては自書能力（文字を知り、これを筆記する能力）が必要とされています。

　ただ、判読不能な部分は無効となることから、せっかく自書（手書き）で遺言書を作成しても、その効力について争いが生じるケースも少なくありません。

　とくに自筆証書遺言は死期が差し迫った状況で作成されることが多いことから、その中で全文自書を要求する民法改正前の規定は、形式的要件（有効となるための方式）が厳しすぎるとの指摘がなされていました。つまり、自筆証書遺言は、いつでもどこでも作成できる利点がある一方、形式的要件が厳しすぎるのが問題でした。また、自筆証書遺言の場合、相続開始後に家庭裁判所の検認を受ける必要があることから、利用しにくいとの指摘もされていました。

　2018年相続法改正では、自筆証書遺言の一部について、自筆以外の記載を認めるなど様式を緩和するとともに、自筆証書遺言の保管制度を創設して、利用しやすくするしくみが整えられました。

　具体的には、自筆証書遺言を作成する際に、遺産を特定するために

必要な財産目録を別紙として添付する場合、その財産目録に署名押印することを条件として自書を不要とし、他人による代筆やパソコンによる入力の他、登記事項証明書や通帳の写しを添付しても有効と扱われます。つまり、相続法改正では自筆証書遺言を遺言事項と財産目録とに分け、遺言事項（全文・日付・氏名）は自書を要求する一方で、財産目録（添付書類）は自書を不要とすることで、形式的要件の緩和が図られることになります。

　ただし、自書によらない財産目録が複数ページにわたる場合は、すべてのページに署名押印が必要です。また、自書によらない財産目録が両面にある場合は、その両面に署名押印が必要です。これは形式的要件が緩和されることで、偽造や変造が容易になることを懸念しての措置です。さらに、自書によらない財産目録の内容を変更（追加・除去・訂正）する場合は、遺言者が変更場所を指示し、その内容を変更したことを付記し、これに署名押印しない限り、変更の効力は生じないとする規定も置かれています。

　自筆証書遺言については、原則として家庭裁判所による検認手続きを経なければなりません。**遺言書の検認**とは、家庭裁判所が遺言の存在と内容を認定するための手続きのことで、一種の証拠保全手続きといえます。検認手続きを怠ると過料に処せられることから、相続人や保管者の負担は比較的重くなります。その一方で、自筆証書遺言の場合、公正証書遺言のように遺言書を保管する制度がないため、紛失や偽造・変造のおそれが高いことも問題とされていました。また、相続人が遺言書の存在を把握しないまま遺産分割協議が成立し、後に遺言書が発見されたことでトラブルになるケースもありました。

　このことから相続改正法では、**自筆証書遺言の保管制度**が創設されました。具体的には法務局で自筆証書遺言を保管する制度が2020年7月10日よりスタートします。この保管制度を利用した場合は、裁判所による検認手続きは不要になります。

自筆証書遺言の保管制度が整備されることで紛失や、特定の相続人による隠匿などを防止できるとともに、遺言書の存在を把握することも容易になるため、その後の相続手続を円滑に進めることができます。

■遺産分割制度の見直し

　2018年相続法改正では、**遺産分割制度**も大きく見直されています。相続をきっかけに遺産分割の当事者になる相続人は、これらの改正点についても知っておく必要があります。

　遺産の全部を一度に分割することを**全部分割**といいますが、これに対して、遺産の一部を先に分割し、残りを未分割の状態のままに置くことを**一部分割**といいます。たとえば、実家などの特定の遺産だけを売却して、支払期限が迫った債務の支払いにあてることに合意し、残りの遺産は後で時間をかけて解決するといったケースが考えられます。

　また、遺産分割協議の成立後に新たな遺産が発見された場合、その遺産を分割することも一部分割となります。この場合、すでになされた遺産分割協議は相続人全員の合意があれば有効です。遺産はすべてを一度に分割することが理想的ですが、遺産の範囲について相続人間で争いがあり、その確定を待っていては生活資金が確保できず、生活に困窮する者や、あるいは納税資金を調達できずに延滞税が課せられ

● 自筆証書遺言の方式の緩和

改正前	改正法
すべての事項について自書が要求されていた	①財産目録を別紙として添付する場合は、自書でなくてもよく、パソコンなどで入力しても有効である ②第三者の代筆や、登記事項証明書、通帳のコピーなどを添付してもよい ③財産目録が複数ページに及ぶ場合や両面にある場合は、すべてのページに署名押印が必要である

る者が生じる危険性があります。そこで実務上は、かつてより一部分割の必要性が指摘されていました。

2018年相続法改正では、一部分割を共同相続人（2人以上の相続人が相続する場合のすべての相続人のこと）に利用しやすいものとするため、一部分割のルールを明文化しています。具体的には、遺言で一部分割を禁じていない限り、相続人はいつでも、共同相続人の協議によって、遺産の一部を分割することができます。

つまり、遺産の処分権限が第一次的には共同相続人にあるとする考え方がベースとなっており、共同相続人において自由に一部分割を行うことを認めるものです。ただし、被相続人の意思を無視することはできませんから、被相続人が一部分割を遺言で禁じていた場合は、例外的に一部分割をすることが認められません（遺産分割禁止期間の上限5年）。

また、遺産について共同相続人に第一次的な処分権限が認められることから、遺産分割協議が調わない場合などは、家庭裁判所に対し一部分割の調停や審判を請求できます。しかし、一部分割をすることにより他の共同相続人の利益を害するおそれがある場合、家庭裁判所に対する請求は却下されることになります。

● 一部分割

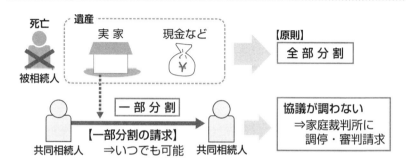

7 信託とはどんなものなのか

委託者、受託者、受益者がいる

■ どのようなしくみになっているのか

　信託とは、簡単に言えば、他人を信じて何かを託すということです。信託契約では、何かを他人に依頼する者を**委託者**、依頼される者を**受託者**、信託契約によって利益を受ける者を**受益者**といいます。

　たとえば、高齢のAさんとAさんの孫でまだ小学校にも行っていないBさんがいっしょに暮らしていたとします。AさんとBさんには他に身寄りはありませんでしたが、Aさんには多額の貯金があり、Bさんを育てることは可能でした。しかし、Aさんは高齢で、いつ死んでしまうかわからないので、貯金をCさんに預けてBさんが成人するまでBさんの世話をCさんに頼むことに決めました。

　このとき、AさんとCさんの間で締結される契約が信託契約です。CさんはAさんの依頼を受け、Aさんの財産を使ってBさんを養育します。この信託契約では、Aさんが委託者、Cさんが受託者、Bさんが受益者になります。

■ 信託のメリットとは

　信託のメリットに関して、信託という制度全体のメリットと、信託に関係する当事者ごとのメリットに分けて見ていきましょう。

　まず、信託制度全体が持つメリットとしては、おもに以下の点を挙げることができます。

・後見制度や委任契約における不都合を回避できる

　ある人の財産を他人に管理をまかせたいと考える場合に、信託以外にも、後見制度や委任契約を挙げることができます。後見制度は、本

人の判断能力が失われていたり不十分である場合に、その人に代わって財産の管理などを行う制度という意味では、信託に類似する制度といえます。しかし、成年後見制度を例にとると、選任された後見人は、自由に本人の財産管理についての権限を行使できるわけではありません。後見人を監督する機関として、後見監督人が選任される場合もあれば、とくに、本人が居住する建物などを売却する場合には、家庭裁判所の許可を得なければならないなど、比較的制約の強い制度であり、後見人の負担は小さくありません。一方で、信託においては、たとえば不動産を信託財産とした場合は、不動産の名義は受託者に移転することになりますので、委託者の居住する建物を売却する行為についても、信託目的に含まれる場合には、受託者の判断で、裁判所の許可などを得ずに行うことが可能です。

　同様に、他人に事務処理をまかせる行為として、委任という形式もあります。ただ、委任を受けた人が事務を処理する場合には、原則として委任契約書の他に個別に本人の委任状が必要になることから仮に、本人が判断能力を失っているような場合には、委任状を作成できないため、受任者は円滑に事務を処理することができなくなる可能性があります。これに対して、信託においては、個別の事務処理において委任状などは不要ですので、スムーズに事務処理にあたることができます。

・相続に関わる煩雑な手続きを回避できる

　信託は、委託者の死亡後においても、受託者が受益者のために財産管理を行うことができる点で、相続と共通点も多いといえます。しかも、相続において煩雑な手続きが必要になる場合にも、信託を用いることで、容易に同様の効果を得ることができます。

　相続財産が銀行預金などである場合には、遺産分割協議が終了するまで、原則としてその口座は凍結され、自由に金銭を引き出すことはできなくなります。2019年7月施行の相続法改正により、例外的に事前に払戻しを受けることができる場合もありますが、金額に制限があ

ります。これに対して、信託財産が預金である場合には、信託口口座を開設するのが通常です。そのため、委託者が死亡した場合であっても、口座が凍結されることはなく、信託目的に従って、受託者は預金の払戻しを受けることが可能です。

次に、信託に関わる当事者それぞれのメリットに焦点を当ててみていきましょう。

・委託者のメリット
① **委託者の財産を保護する**
たとえば、財産の信託契約を締結した場合、財産の所有権は受託者に移転します。そのため、たとえ委託者が倒産した場合でも信託契約の対象となった財産が影響を受けることがなくなります。
② **委託者が死亡した後の財産管理が可能になる**
委託者が死亡した後でも、受託者と信託契約を締結することで委託者の子や孫の生活保障のための財産管理ができます。
③ **税負担を軽減することができる**
通常の所有権移転登記を行う場合と比べて、信託を原因とした所有

● 信託のしくみ

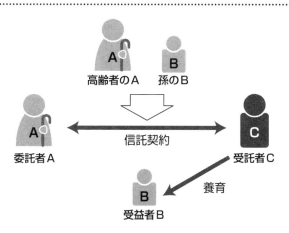

権移転登記を行った場合の方が登録免許税を低く抑えることができます。信託契約を締結した場合には、不動産取得税は課されません。

④　委託者の意思を尊重することが可能になる

　受託者は、委託者に依頼されたとおりに財産の処分を行うので、信託契約によって委託者の意図どおりのことが実現できます。

⑤　委託者は受益者を自由に指定することができる

　たとえば、「受益者はＡとするが、Ａが死亡した場合にはＢを受益者にする」という形での受益者の指定が可能です。遺言では、このような形での受遺者の指定はできません。

・受託者のメリット

①　責任の範囲を限定できる

　受託者は信託事務を行う中で契約を締結し、債務を負担することがあります。しかし、受託者は登記をすることで信託契約から生じる債務の負担額を限定することが可能です（限定責任信託）。

②　財産の隔離

　受託者自身の財産と、信託契約に関わる財産とは分離しなければなりません。したがって、受託者がたとえ受託者の債務者から強制執行（裁判所などの執行機関によって、金銭などを請求する権利が強制的に実現されること）を受けた場合でも、信託財産は影響を受けません。

・受益者のメリット

①　自分自身で活動をしなくても収益を確保することができる

　受託者が財産の管理や処分を行うので、受益者自身は手間をかけずに利益を手にすることができます。

②　受益権を譲渡することが可能になる

　信託契約によって受益者は信託財産から生じた利益を受け取る権利（受益権）をもっていますので、その権利を他人に譲渡することができるようになります。

8 信託法とはどんな法律なのか

信託には２つの種類がある

信託にはどんな特徴があるのか

信託契約には以下のような特徴があります。

① 信託は財産を管理するための制度である

委託者の財産を受託者に移転することで信託が行われます。そのため、財産の名義は委託者から受託者に変更されます。委任契約（何かを行うことを依頼する契約のこと）や寄託契約（物を預けて保管することを内容とする契約のこと）を締結しただけでは、財産の名義人が移転することはありません。財産の名義人が移転するという点は、信託の特徴だといえます。

② 受託者は他人の財産を預かることになるため、受託者に対しては厳しい義務や責任が課される

受託者に対して厳しい義務と責任を課すことで、委託者は安心して受託者と信託契約を締結することができます。そのため、信託法では、受託者に対してさまざまな義務と責任を課しています。

③ 受益者が手厚く保護されている

信託契約に基づく受託者から、確実に受益者が受益権に基づく配当を受け取ることができるように配慮されています。

信託法の変遷

もともと信託法は大正時代に制定された法律でした。しかし、大正時代に制定された法律は長い間改正がなされず、社会の実情に合わない法律になっていました。そこで、信託法は2006年に大幅な改正が行われました。改正の主眼は、①受託者の義務の合理化を行い、受託者

の義務を任意に決めることができること、②受益者の権利行使の強化、③自己信託制度の創設等という3つです。

　信託制度の変遷の社会的背景には、規制緩和の流れがありました。とくに、「信託契約の内容について当事者が自由に決定できないのは好ましくない」との批判が、信託法の改正に大きく影響を与えました。

　現在では資産の証券化が可能になっています（たとえば、金融機関の貸付債権を信託し、受益権を証券にすることが資産の証券化に該当します）。そのため、信託契約を締結することで資産を証券化し、容易に資産を移転することが可能です。

　また、**自己信託**という制度があります。自己信託とは、受託者自身が委託者となり、自分の財産を他人のために管理・処分することをいいます（たとえば、自分の不動産から得られる収益を受益権として、自分自身が委託者兼受託者になる信託は自己信託に該当します）。自己信託が認められたことで、より一般の人々にとって、信託契約が身近な存在になっています。

民事信託と商事信託という分類がある

　信託は、民事信託と商事信託の2種類に分類することができます。

● 信託の全体像

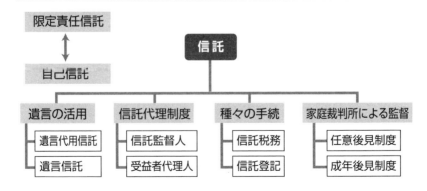

民事信託とは、受託者が営利目的ではなく受託する信託契約です（信託会社等が業務として行うものではない信託）。民事信託は、特定の１人から一度だけ受託する信託であり、営利を目的としていません。たとえば、身寄りのない子どもに財産を残すため、信頼できる第三者を受託者として締結する信託契約は、民事信託の典型例だといえます。この他にも、子どもたちのために奨学金制度を創設する場合も信託契約が利用されますが、この信託契約は民事信託に該当します。

商事信託とは、受託者（信託会社等）が営利を目的として不特定多数の者と信託契約を締結することを繰り返す形の信託をいいます。商事信託には、預金型商事信託、運用型商事信託、転換型商事信託などの種類があります。たとえば、投資を行う目的で信託契約を締結した場合、これは商事信託に該当します。商事信託の場合、受託者は、信託法だけではなく信託業法の適用を受けます。委託者から報酬を受け取って信託の引受けを営業として行う場合には、信託業法に従わなければなりません。

● **信託の分類**

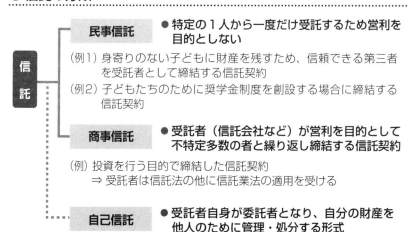

9 信託できる財産について知っておこう

財産的価値があるものを広く含む

■ どんな財産を信託できるのか

　信託の対象になる財産は、非常に幅広く、原則として「金銭的価値があるもの」はすべて信託の対象に含まれます。

　たとえば、現金、動産（自動車や機械など）不動産、株式をはじめ有価証券などを典型例として挙げることができます。ただし、上記の物が一律に信託することが可能であるわけではありませんので、実際に信託を検討する場合には、慎重に確認する必要があります。

　また、株式の扱いについても注意が必要です。信託を希望する株式が、上場株式（証券取引所で売買などの取引が行われている株式）である場合、通常、上場株式は証券会社を通じて取引を行いますが、証券会社の多くは、上場株式について信託の対象になることを念頭に置いていないため、信託の対象に含めるにあたり必要な手続きに対応してもらえない場合が多いといえます。

　なお、他人に対する債権も信託することが可能です。例として、不動産（建物）の貸主Aが、借主Bに対して持っている賃料支払請求権（債権）を信託することが挙げられます。動産や不動産などの有体物（形があり目に見える物）だけが信託の対象になるわけではありませんので、注意が必要です。特許権、商標権、著作権をはじめとする知的財産権を信託することも認められています。

　その一方で、犬や猫をはじめとするペットについては、生命ではあるものの、法律上の区分は、あくまでも動産の一種ですので、違和感を覚える人も多いところですが、「財産的価値があるもの」として、信託の対象に含まれます。

■ 信託できない財産とは

　信託することができない財産は、「財産的価値が認められないもの」ということができます。そのため、人の生命・身体・名誉などは、財産的価値で測ることができない権利・利益であるため、信託の対象にすることはできません。

　また、「財産的価値があるもの」は信託の対象になりますが、実はプラスの財産に限定されることに注意が必要です。たとえば、CがDから100万円を借り受けている場合に、このCがDに負っている貸金債務を信託の対象にすることは認められません。

　さらに、プラスの財産とはいっても、その人しか主張することができない権利（一身専属権）を信託の対象にすることもできません。たとえば、年金受給権は、受給者にとってプラスの財産（現金）をもたらす権利ですが、その人が亡くなった後は、支給が打ち切られるため、一身専属権のひとつです。

■ 信託財産は誰に帰属するのか

　信託契約が締結されると、受託者は、委託者の財産について、受益者の利益のために管理などを行う義務を負います。そこで、信託財産は委託者のもとを離れ、完全に受託者に帰属すると考えてよいのかという問題が生じます。

　この点について、信託法は、受託者に対して、信託財産に関する**分別管理義務**を課しています。つまり、信託財産は、たしかに委託者の所有を離れることになりますが、それは、受託者の所有に帰属することを意味しないということです。受託者は、あくまでも信託の目的に従って、信託財産の管理などを行う権限を持つのみであって、信託財産を自己の財産に含めて取り扱うことはできません。

　分別管理義務が、実際に意味を持つのは、受託者が破産したような場合です。受託者が破産した場合、原則として受託者の財産は、自由

に使用・収益することが制限され、受託者の債権者に対する債務の返済に充てられることになります。この際、仮に信託財産が受託者に帰属すると扱われることになる場合、信託財産も受託者の債権者に対する返済の原資に充てられてしまいます。しかし、分別管理義務によって、信託財産については、受託者が破産した場合の返済に充てられる財産とは、切り離すことが可能になります。

また、信託契約が締結された場合、受託者が信託財産について第三者と取引を行う場合など、信託財産の取扱いをめぐって問題になるケースがあります。そこで、以下では代表的な不動産と預貯金について、信託財産になった場合の取扱いについて見ていきましょう。

① **不動産の場合**

信託財産が不動産である場合には、信託契約が結ばれたことにともない、不動産の名義が受託者に移転したものとして、不動産登記の移転手続きが必要になります。この点について、受託者は信託に必要な範囲で管理などを行う権限を持つだけで、信託財産が受託者に帰属するわけではない、という前述の説明と矛盾するように思うかもしれません。しかし、不動産登記では、登記原因として、名義が変更される理由を記載しなければなりません。そのため信託を原因とする名義変更であることが明記されますので、不動産の名義は受託者に移転しますが、信託業務に必要な権限を果たす上でのことで、受託者は受益者のために、その不動産に関する取引権限を持つにすぎません。

② **預貯金**

信託財産が、銀行に預けている預貯金である場合には、やや複雑な取扱いになります。というのも、委託者が銀行などに預けている預貯金の名義を、第三者に変更することは認められていません。そこで、委託者は、一度銀行などから預貯金の払戻しを受けて、その現金を受託者に渡して、管理を行ってもらうという方法があります。しかし、分別管理義務の観点から、現金として受託者に管理をまかせる場合に

は、思わぬトラブルが生じる可能性があります。

　そこで、信託目的の預貯金については、信託口座を新たに開設するという方法が考えられます。これにより、信託財産が受託者の財産とは切り離された財産であることが、第三者の目から見ても明らかにすることができます。信託口座を開設する際には、受託者は銀行などの金融機関に対して、信託契約書など信託契約が締結されていることを示す書類などを示して、信託口座を開設することになります。

信託財産は追加できるか

　受託者が、信託目的を果たす上で、信託財産が足りなくなる場合が考えられます。そのような場合には、委託者が信託財産を追加することが認められています。たとえば、信託財産が預貯金で信託口座が開設されている場合には、委託者が信託口座に新たに現金を振り込むことによって、信託財産の追加が行われます。

　信託財産の追加には、原則として委託者、受託者、受益者の合意が必要です。そのため、あらかじめ信託契約において、信託財産の追加が可能であることについて、契約条項の中に定めておくと、スムーズに信託財産の追加を行うことが可能になります。

● 預貯金を信託財産とする場合

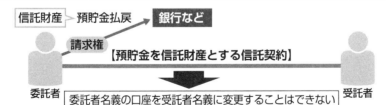

① 委託者が銀行などから預貯金の払戻しを受ける
　⇒ 現金を信託財産として、受託者の管理にまかせる
② 受託者が「信託口口座」を開設する
　⇒ 委託者が払戻しを受けた現金を信託口座に振り込み、受託者が管理する

10 個人信託（家族信託）とはどんなものなのか

まぎらわしい用語だが通常の信託と変わらない

■ 民事信託にはさまざまな機能がある

信託には、大きく分けて商事信託と、民事信託という分類があることは、36ページで見たとおりです。

民事信託が利用される典型的な場合としては、以下のような事例を挙げることができます。高齢のAさんは夫に先立たれ、一人息子のBさんも離れて暮らしています。Aさんは最近物忘れが激しく、認知症になった場合には自宅を売却し、売却で得たお金で施設に入所し、月々の施設費用の支払いをしたいと考えています。この場合、AさんとCさんとの間で信託契約を締結し、Cさんに不動産の売却権限を与えておけば、Aさんが認知症になったときには、Cさんは後見制度を利用せずに、自宅をスムーズに売却できます。

AさんとCさんの間で締結される信託契約を「民事信託」といい、とくに受託者を家族にする場合は**家族信託**とも呼ばれています。この信託契約ではAさんが委託者兼受益者、Cさんが受託者となります。

■ 個人信託のメリット

ネットなどで信託を検索してみると**個人信託**という言葉がよく出てきます。個人信託とは個人が自分の財産を信託するしくみのことで、高齢者の財産管理や、資産承継（相続対策）などを解決する枠組みとして注目されています。

個人信託には、さまざまなメリットがあります。たとえば遺言を利用した場合、本人死亡後の財産管理の方法について決めることはできますが、本人が認知症になってしまった後の財産管理の方法について

42

決めることはできません。しかし、個人信託を利用すれば、本人が死亡した場合だけではなく、認知症になって判断力が低下した場合でも本人の意思を確実に実現することができます。

　また、個人信託を利用することで、より安心した財産管理を行うことができます。たとえば、成年後見制度（16ページ）を利用した場合、本人が死亡した後の財産管理を行うことはできませんが、信託を利用することで、本人の生前から死後を通じた財産管理が可能です。さらに、前述の例のように本人の判断能力が低下した場合であっても、法定後見制度のように裁判所の許可なしに、自宅を売却できるので、スムーズに介護施設へ入所することができます。

　この他、資産承継（相続対策）に個人信託を利用すれば、相続に必要な煩雑な手続きを省略させることもできます。

　たとえば預金を相続する場合、被相続人の預金口座はいったん凍結され、遺産分割協議が成立するまでは、一定額以外は引き出しができなくなります。この点、個人信託を利用した場合は、口座が凍結されることなく、預金の引き出しが可能となります。預金を信託する場合、委託者の預金口座をそのまま受託者に移すことは難しいため、いったん引き出してから「委託者Ａ　受託者Ｂ　信託口口座」といった信託

● 個人信託（家族信託）とは

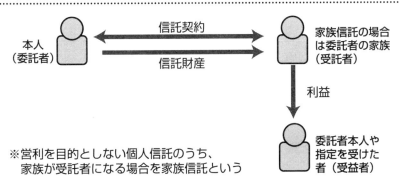

用の口座を開設して、管理していくことになります。そのため、Ａさんの死亡時には、すでに信託の対象となる預金は、信託用の口座に名義が変わっているので、口座凍結をされることなく、引き出すことが可能になるのです。

なぜ個人信託（家族信託）が必要なのか

民事信託については、近年、さまざまな役割が期待されており、その役割に応じて、さまざまな名称で呼ばれています。

まず、受託者が家族である場合を指して、家族信託と呼ぶことは前述したとおりです。

家族信託は、おもに相続の場面で効果を発揮するといわれています。つまり、死後に特定の家族に財産を遺したいという意思を明らかにするためには、遺言を行うことが考えられます。しかし、遺言書の作成は、厳格な手続きに則って行わなければならず、とくに高齢の人にとって、必ずしも利用しやすい制度とはいいにくい側面があります。これに対して、家族信託では、委託者が、家族を受託者として、財産の管理を委託することで、厳格な手続きを踏むことなく、遺言と同様の効果を得ることが可能になります。

たとえば、高齢になるＥさんと妻Ｆさんには、子Ｇさんがいたとしましょう。Ｅさんが、自分の死後、財産を妻であるＦさんに遺したいと考える場合、本来であれば遺言書を作成することになります。しかし、高齢のＥさんにとって、効力が認められる遺言書を作成することができる保証はありません。そこで、ＥさんがＧさんとの間で、受託者Ｇさん、受益者Ｆさん（Ｅさんの生前は、Ｅさんも受益者に指定する場合も多いといえます）として、信託契約を結ぶことで、厳格な手続きを踏むことなく、Ｅさんの意思を実現することができます。つまり、Ｇさんは、信託契約に基づき、Ｅさんの財産を、受益者であるＦさんのために管理などを行う義務を負います。Ｅさんの生前に、Ｅさ

ん・Fさんの両者が受益者として契約を結んでいる場合には、Eさんの生前には、高齢のEさんは、Eさん・Fさんの利益になるよう、財産管理をGさんにまかせることができます。そして、Eさんの死後は、Gさんは、Fさんのために財産の管理を行っていくことになるため、遺言に基づく相続と同様の結果を容易に実現することができます。

なお、遺言では、子や配偶者に財産を遺すことが可能ですが、家族信託においては、受益者連続型信託（89ページ）を利用することによって、受益者の次世代の人に対して、財産を遺すことが可能になるというメリットもあります。

他にどんな場合に利用できるのか

民事信託の活用方法として、障害者を子にもつ人が信託を用いることによって、この財産管理を円滑に行うという方法もとられています。このような民事信託を指して、**福祉型信託**と呼んでいます。

たとえば、障害者Iさんの親であるHさんは、Hさんの財産を、Iさんのために活用するために、Jさんとの間で信託契約を結ぶ場合があります。この信託契約により、受託者であるJさんは、Iさんの利益になるように、Hさんの財産を活用する義務を負います。とくに、障害者の両親なども高齢化が進んでいる現在、親の死後も、信託契約

● 個人（民事）信託の分類

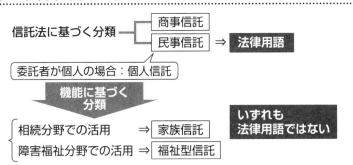

によって、障害を持つ子の財産管理が適切に行われることが期待できる福祉型信託には、関心が高まっています。

　障害者の人の財産管理を行う制度として、成年後見人などの後見制度も存在します。後見制度を利用した場合、障害者のためといっても、自由な財産の活用が制限されるおそれがあります。たとえば、障害者が居住する土地や建物の売買に関して、後見人は自由に行うことができず、家庭裁判所の許可を得なければなりません。時間的に切迫している場合に、家庭裁判所の許可を得なければならないとなると、非常に煩雑といえ、障害者にとって適切な財産の管理・運用とはいえない現実があります。これに対して、福祉型信託の場合には、家庭裁判所の許可を得ることなく、委託者が受益者である障害者の利益を考慮して、土地や建物の売買などを行うことも可能です。

　このように、民事信託は、既存の制度の不都合などを解消し、適切な財産管理の方法として、その役割が期待されています。

■ どんな手続きをするのか

　個人信託を行う場合には、現状を把握することが必要です。信託財産にはどのようなものがあるのか、信託の目的はどのようにすべきなのかについて分析しなければなりません。また、本人の意思についてもしっかりと整理をすることが必要です。

　これらを踏まえた上で、個人信託計画案を作成します。計画案の作成の過程で、信託の目的、信託内容、信託財産、信託期間、受益者などを決定します。

11 各制度を上手に活用しよう

どの手段を選んでもこれで安心というわけにはいかないことに注意が必要

■ それぞれの制度には一長一短がある

　認知症などで判断能力が低下した場合、他人に財産管理を頼む方法として、大きく①個人信託、②任意後見契約、③法定後見制度の３つがあります。個人信託と任意後見契約は事前（予防）措置となるため、契約の締結には判断能力が要求されるのに対し、法定後見制度は判断能力が低下しなければ利用できない事後措置となります。事前措置となる個人信託、任意後見契約では、本人に判断能力があるため、本人は自分が信頼できる人に財産管理を依頼することができ、なおかつ管理内容についても本人の自由な意思で定めることができるというメリットがあります。他方、事後措置となる法定後見制度では、家庭裁判所が財産管理をする人（後見人）を選任するため、本人の意思が尊重されない危険性があります。また、個人信託や任意後見契約では財産管理人として親族の一人を選任できるのに対し、法定後見制度ではたとえ親族の一人を後見人候補者として申立てをしても選任されずに弁護士や司法書士などの専門職後見人が選任される傾向にあります。そのため、親族であれば無償で財産管理を頼めるところ、法定後見制度では専門職後見人の報酬として月額２万円程度の費用がかかってしまうことも、この制度のデメリットといえます。

■ 成年後見制度をめぐるトラブルや問題点

　法定後見制度では、後見人が選任されると預貯金などの財産は後見人が管理することになるため、ときとして後見人による横領や使い込みが問題となるケースも増えています。そのため家庭裁判所では、後

第1章　財産管理の全体像

47

見人による不正を防止する趣旨から親族後見人ではなく、専門職後見人を選任する傾向にあります。しかし、件数こそ少ないものの、専門職後見人による横領など看過しがたい問題も発生しています。また、専門職後見人が就任すると、原則として本人が亡くなるまで、本人の財産から少なくとも月額２万円程度の報酬の支払いが必要となり、これがネックとなって後見制度の利用を躊躇するなど、使い勝手の悪さも目立ちます。

　ただ、法定後見制度は判断能力が低下した人に代わって、必要となる医療・介護に関する契約や手続きを行える唯一の制度であることから、利用のニーズは高く、その必要性を否定することはできません。今後、さらに使い勝手のよい制度へと改善されていくことを期待します。

■ 信託は万能の制度ではない

　法定後見制度の使い勝手の悪さを補完するためのツールとして近年注目を集めているのが個人信託です。個人信託では主に親族が財産を管理（受託者）となることから、本人や家族の意思を最大限に尊重したしくみを作りだすことができます。

　しかし、信託も万能ではありません。受託者には身上監護権はありませんので、後見人のように医療・介護の手続きを代理で行うことはできません。税務関係も複雑で、税の申告に時間と労力を要する可能性があります。さらに、専門知識をもたない人が信託契約書を自力で作成することは難しく、弁護士や司法書士などの専門家に依頼する必要があるため、信託の設定に際し、ある程度の経費はかかります。

　結局のところ、どの財産管理制度を利用するのかは、本人の判断能力の程度、親族の協力の程度、財産状況を総合的に考慮して決定していくことになります。

第2章

信託契約のしくみ

1 信託の基本ルールをおさえておこう

兼任できるケースもある

■ 受益者の権利について

受益者にはさまざまな権利があります。まず、受益者は、信託財産の運用から得られる収益の配当を受ける権利を有します。ただし、信託財産の運用が失敗した場合には、受益者は損失を受けます。

受益者は、受託者に対する監督是正権も有しています。受益者は受託者に対して、帳簿閲覧請求権や法令または信託行為の定めに違反する行為の差止請求権などを行使することで、受託者を監督することができます。もっとも、受益者が監督是正権を常に適切に行使できるとは限らない点に注意が必要です。なぜなら、幼い子どもや知的障害者の利益を考慮して、これらの人を受益者として信託契約を結ぶ場合なども多いためです。そのため、受益者自身による受託者の監督権限が期待できない場合に備えて、客観的に受益者を監督する人を選任する必要があります。

さらに、受益者は委託者と合意をすることで、受託者を解任することができます。委託者と合意をすれば、信託契約を解除することなく受託者を解任し、新しい受託者に変更することができます。

委託者と受益者が同一である場合と異なる場合

31ページで説明したように、信託契約では委託者・受託者・受益者の三者が登場します。信託契約を締結する場合には、委託者と受益者は同一の人間が兼ねることができます。

委託者と受益者が同じである場合の信託は、委託者が自分の利益のために締結する契約ですので、自益信託といいます。これに対して、委託者と受益者が異なる信託のことを、委託者が他人の利益のために

締結する信託契約であることから、他益信託といいます。

委託者と受託者は兼任できる

委託者と受託者は兼任することができます。この委託者が受託者を兼任する形式の信託のことを自己信託といいます。自己信託の場合は、委託者自身が財産の運用を行い、受益者に対して利益を配当することになります。

前ページで説明したように、委託者と受益者は同一の人物であっても信託契約の締結は可能ですし、委託者と受託者を兼任することも可能です。

受益者と受託者は兼任できない

受託者と受益者を兼任することは、原則としてできません。受託者が、受託者自身の利益を図るため行動することは、信託法によって認められている信託の形式ではないからです。ただし、受託者がA、受益者がAとBというように、受益者が複数人いるがそのうちの一人が受託者となっているという場合には、信託契約を締結することができます。信託法では、受託者の利益を図るためだけに行動するような信託の形式は認められていません。しかし、今回のケースでは、AはA自身の利益だけではなく、Bの利益を守るためにも行動することにな

● 受益者の権利と責任

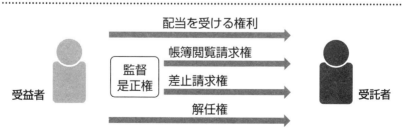

ります。そのため、受益者が複数人おり、そのうちの一人が受託者となるような信託契約の締結は可能です。

なお、信託契約が締結された後に、他の受益者の死亡といった事情で受託者のみが受益者になってしまった場合には、その状態が1年続いた段階で、信託契約が終了します。

逆に、受託者が複数人いるものの、受益者が一人であり、受託者の一人が受益者であるという形式の信託契約を締結することはできません。たとえば、受託者がDとEであり、受益者がDであるという形の信託契約を締結することは信託法の下では認められていません。

●委託者と受益者の兼任、委託者と受託者の兼任

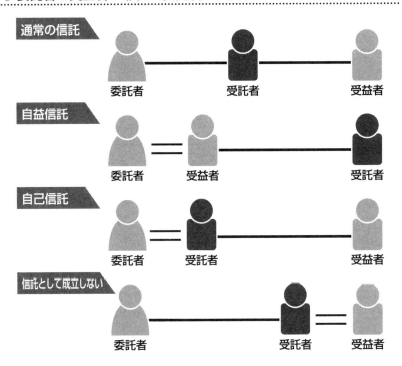

2 受託者にはどんな権限と責任があるのか

受託者はさまざまな義務を負う

■ どんな義務があるのか

受託者は、信託契約に従ってさまざまな事務を行います。受託者は、たとえば信託財産に属する不動産の売却などの法律行為を行うことが可能です。ただし、信託財産に影響を与える行為といえるのは、受託者が「信託財産のために」行った行為に限られます。受託者が、売買などの法律行為を行う際に、相手方に対して「信託財産のために売買契約を締結します」というように、必ずしも明示している必要はありません。対象の法律行為が、通常受託者の権限内の行為といえるか、あるいは、相手方が信託財産のために行っていることを知っていたかなどの観点から、受託者が信託財産のために行う意思を持っていたと認められる場合には、「信託財産のためにした」と評価されます。

受託者が誠実に信託契約で決められた内容を行うことは必要不可欠なことであり、信託法では受託者の義務や責任を定めています。

受託者の負っている義務として最も大きなものは善管注意義務と忠実義務です。善管注意義務とは、「善」良なる「管」理者の「注意」をもって事務を行う「義務」のことで、業務を任された人の地位や能力によって生じる義務のことをいいます。忠実義務とは、受託者は受益者の利益のために行動しなければならないという義務です。受託者の義務にはこの他にもさまざまなものがありますが、詳細については57ページで説明します。

■ 第三者への信託事務の委託が認められている

受託者は、委託者に信頼されて信託契約を締結します。そのため、

53

原則として受託者自身が信託契約で決められた事務を行う必要があります。しかし、すべての事務について受託者が行わなければならないとすると、受託者の負担が過度に大きくなってしまいます。そのため、一定の条件の下で受託者が第三者に信託事務を委託することが、信託法の中で認められています。

　まず、信託契約の中に他人への委託を認める条項が置かれている場合には、第三者に信託事務を委託することができます。

　また、信託契約の中で、他人への委託を認める条項が置かれていない場合でも、信託契約を締結した目的と照らし合わせて他人に委託することが適切であれば、第三者に信託事務を委託することができます。

　信託事務を他人に委託することが信託契約によって禁止されていたとしても、やむを得ない理由がある場合には、第三者に信託事務を委託することが可能です。

■受託者が複数いる場合の法律関係

　信託契約を締結する場合、受託者を複数人選任することが可能です。受託者を複数人選任しておけば、一人の受託者が何らかの事情で行動できなくなってしまったとしても、他の受託者が信託契約で決められたとおりに行動することが可能です。そのため、実務的にも、受託者を複数人選任するケースは見られます。

　受託者が複数人いる場合には、信託財産は受託者が合有（複数人で共同して財産を保有しているものの、それぞれの財産の保有者が自分の持分を処分できない形態）します。信託財産を受託者が「合有」することで、受託者の一部がいなくなった場合は残った受託者が信託財産に対する権利をもつことになります。それぞれの受託者は、信託財産を分割して自分に持分を割り当てるよう、他の受託者に対して請求することはできません。

　信託契約によって決められた信託事務については、原則として受託

者の過半数の賛成によって決めます。例外的に、保存行為（財産の価値を維持する行為のこと）については、各受託者が単独で行うことができます。

また、信託契約の中で、各受託者の役割分担について定めることもできます。たとえば、ⓐ業務については受託者Aが、ⓑ業務については受託者Bが行う、というように取り決めておくことは可能です。

訴訟を行う場合、各受託者の役割分担についての定めがなければ、受託者全員が当事者となって訴訟を行う必要があります。逆に、各受託者の役割分担について定めがある場合には、各受託者は自分の担当している職務について単独で訴訟をすることができます。

受託者が複数いる場合の責任

受託者が複数人いる場合、受託者のうちの一人が他の受託者に対して重要な信託事務の決定を委託することはできません。

重要な意思決定について他の受託者に委託してしまうことは、信託

● 受託者が複数いる場合

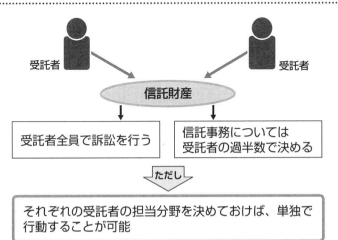

事務の放棄と同じ意味をもちます。そのため、重要な信託事務の意思
決定について他の受託者に委託することは禁止されています。

　ただし、受託者のうちの一人が急病にかかって動けなくなってし
まった場合など、やむを得ない事情があれば、他の受託者に対して信
託事務を委託することが可能です。

　複数の受託者が、信託事務を処理する際に債務を負担した場合には、
各受託者は原則としてその債務の連帯債務者となります。連帯債務と
は、債務者のそれぞれが債務の全額について責任を負うという形態の
債務のことです。連帯債務者となった各受託者は、債権者に対して債
務の全額を弁済する責任を負います。

　ただし、信託事務について各受託者の間の役割分担を決めており、
その役割分担に従って債務を負担した場合には、担当の受託者のみが
債務の全額を弁済する責任を負います。その他の受託者は、信託財産
の限度で弁済の責任を負います。

■ 信託法上の資格制限

　信託がなされると、財産の所有者とは別の人が財産の管理を行うこ
とになるため、受託者については信託法が規制しています。

　その中に受託者の資格制限があります。未成年者や成年被後見人、
被保佐人は受託者にはなれません。

　また、受託者が継続して信託業を行う場合には、信託業法が適用さ
れます。具体的には、報酬を得て不特定多数の者を相手に継続して信
託業を行うことが「信託業」に該当します。信託業を営む場合には、
内閣総理大臣の免許を受け、一定額以上の資本金を保有し、営業保証
金を供託所へ供託または登録しなければなりません。

3 受託者の義務について詳しく知っておこう

財産を分けて管理する必要がある

善管注意義務とは

信託契約の受託者は、善管注意義務を負っています。**善管注意義務**とは、事務の処理にあたり、その地位にある者として通常要求される注意を尽くさなければならないという義務です。たとえば、弁護士や信託会社等の職員など専門家であれば、要求される注意義務のレベルは高くなります。反対に、専門知識のない一般の人の場合、弁護士らと比べれば要求される注意義務のレベルは低くなります。

受託者が善管注意義務に違反しているかどうかは、個別の事案ごとに判断する必要があります。そのため、個別の事案に対して判断をした裁判例が重要になりますが、日本では受託者の善管注意義務に関する裁判例はほとんど出されていません。どのような行為が受託者の善管注意義務違反となるかについては、今後の裁判例を注視して判断する必要があります。なお、受託者が信託会社などの専門家である場合、信託契約の中で受託者の善管注意義務を軽減するような条項を設けることはできません。受託者に一方的に有利な契約内容となってしまい、受益者の利益が損なわれる可能性があるからです。

忠実義務とは

受託者は、受益者の利益のために忠実に信託事務を行う義務を負っています。この受託者の義務のことを**忠実義務**といいます。

たとえば、通常の取引とは異なる取引条件によって契約を締結して受益者に不利益を与えること、信託財産に関する情報を使って自分の利益を図るために取引を行うこと、などが、忠実義務違反となる行為

に該当します。受託者が忠実義務違反となる行為を行うことで受益者に損害を与えた場合、損失補てん責任や原状回復責任を負います。

■ 利益相反行為とは

信託契約を締結した場合、受託者が受益者の利益に反するような行為をすることは原則として禁止されています。受託者が行う受益者の利益に反する行為のことを**利益相反行為**といいます。禁止されている利益相反行為は、以下の3つの類型に分けることができます。

・自己取引

信託財産を受託者自身の財産とする取引をしたり、受託者自身の財産を受益者の財産とする取引は自己取引に該当します。自己取引が行われると、受託者が自分に有利な取引条件を設定し、受益者に不利益を与えるおそれがあります。そのため、自己取引を行うことは原則として禁止されています。

・双方代理

信託財産に関する取引を行う際に、受託者が第三者の代理人となることを双方代理といいます。双方代理が行われると、受託者が第三者に有利な条件によって取引を行う可能性があります。そのため、双方代理を行うことは原則として禁止されています。

・間接取引

信託財産に関する第三者との取引であって、受託者と受益者との利

● 善管注意義務と忠実義務

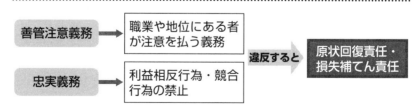

益が相反する取引のことを間接取引といいます。たとえば、受託者が負っている債務を担保するために、信託財産に担保権を設定することは間接取引に該当します。受益者の利益が損なわれる可能性があるので、間接取引は原則として禁止されています。

利益相反行為が許される場合

受託者が利益相反行為を行うことは原則として禁止されています。しかし、以下の場合には、利益相反行為を行うことが許されます。
・信託契約の中に、受託者が利益相反行為を行うことを認めるという条項が含まれている場合
・受託者が重要な事実を受益者に開示して、利益相反行為を行うことについて受益者の承認を得た場合

● 利益相反取引

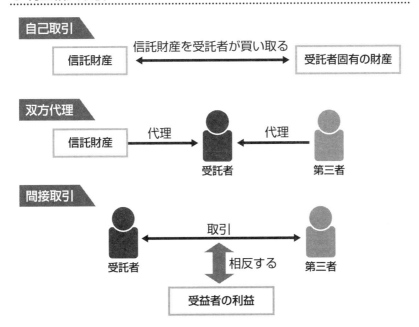

- 相続によって信託財産が受託者固有の財産となった場合
- 利益相反行為に該当する行為をすることが信託契約締結の趣旨に照らして必要であり、受益者の利益を損なわないことが明らかである場合

禁止される競合行為とは

　信託法32条は、「受託者は、受託者として有する権限に基づいて信託事務の処理としてすることができる行為であってこれをしないことが受益者の利益に反するものについては、これを固有財産又は受託者の利害関係人の計算でしてはならない」と規定しています。この条文によって受託者が競合行為を行うことは禁止されています。この条文の言葉は複雑でわかりにくいので、具体例で見ていきましょう。

　たとえば、株式への投資を行うことができる受託者が、自分のために株式を取得し、その株式が値上がりしてから株式を売却して利益を得ることが競合行為に該当します。この受託者は、株式の投資について信託契約を締結しているのですから、受益者のために株式の投資を行う必要があります。

　ただし、競合行為の禁止にも例外があります。信託契約の中で競合行為を行うことを認める条項が含まれている場合や、競合行為を行う

● 競合行為

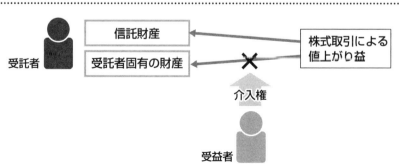

ことについて重要な事実を受益者に開示し、受益者の承認を得ている場合には、受託者が競合行為を行うことが許されます。

受託者が競合行為を行った場合、受益者は第三者の利益を損なわない限りで、その行為が信託財産のために行われたものだとみなすことができます。たとえば、受託者が自分のために株式への投資を行い、利益を上げていたとしても、その行為が信託財産の利益のために行われていたとみなすことができるのです。これにより、値上がり益は信託財産のもとに行くことになるので、信託財産が増加します。このような受益者の行為を介入権といいます。介入権は競合行為が行われてから1年以内に行使する必要があります。

公平義務とは

受益者が2人以上いる場合には、受託者は受益者のために公平に職務を行う義務を負います。この受託者の義務を**公平義務**といいます。

たとえば、父が委託者として、父所有の賃貸マンションの管理に関する信託契約を締結し、受益者として子Aさんと子Bさんがいるとい

● 公平義務

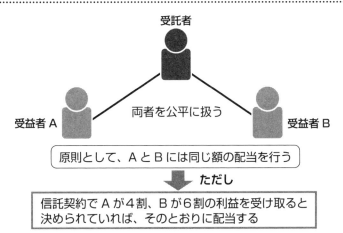

う場合には、子Aさんと子Bさんに、賃料収入を5割ずつ分配する必要があります。ただし、信託契約の中でこれとは異なる条項があれば、同じ金額を分配する必要はありません。信託契約の中で「賃料収入について、Aに6割、Bに4割分配する」と決めた場合には、受託者はこのとおりに利益を分配します。

分別管理義務とは

　受託者は、受託者自身の財産と信託財産とを分けて管理する義務を負っています。これを**分別管理義務**といいます。たとえば、不動産であれば登記をすることで受託者の財産と信託財産を分けて管理します。

　信託財産は、受託者の財産とはまったく別のものです。そのため、受託者自身の財産に対して強制執行が行われたとしても、原則として信託財産に影響はありません。しかし、信託財産と受託者の財産とを明確に分けずに管理してしまうと、信託財産なのか受託者の財産なのかが証明できません。そうすると、受託者の財産に対する強制執行が行われることで、信託財産に影響が出てしまいます。そのため、受託者には分別管理義務が課されています。なお、委託者と受託者との間

● **分別管理義務**

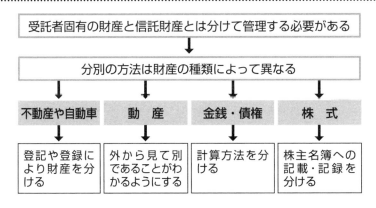

で、受託者の分別管理義務を免除する合意を行うことがあります。この場合、受託者自身の財産と、信託財産の区別があいまいになり、信託財産が信託目的のために利用される保証がありません、そのため、分別管理義務を免除する契約は、「信託契約」という名称であっても、有効な信託契約とは認められないおそれがあります。

■ 帳簿の作成、保存義務

　受託者は、信託財産に関する帳簿（信託帳簿）を作成する必要があります。また、毎年１回、貸借対照表、損益計算書、財産状況開示資料を作成しなければなりません。

　受託者は、信託帳簿については作成してから10年間保存する必要があります。貸借対照表、損益計算書、財産状況開示資料については、信託が終了するまで保存します。ただし、信託帳簿については、受益者に信託帳簿を渡した時点で、保存する義務はなくなります。また、財産状況開示資料については、作成後10年後に受益者に財産状況開示資料を渡せば、保存義務はなくなります。なお、これ以外の書類についても、信託財産を売却するための契約書などを作成した場合には、信託帳簿と同様に保存する必要があります。

● 帳簿書類の作成・保存義務

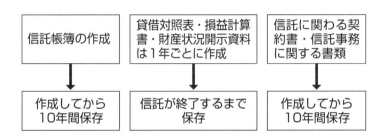

受託者が受益者に対して負う責任について知っておこう

義務違反により責任が生じる

■ 損失補てん責任

　受託者は、善管注意義務や忠実義務など何らかの義務を違反した場合には、**損失てん補責任**を負う可能性があります。

　受託者が損失てん補責任を負う場合の条件は、①受託者に何らかの義務違反があったこと、②その義務違反によって受益者が損失を受けたことです。この２つの条件を満たす場合には、受託者は自分の財産を使って受託者の損失の穴埋めをする必要があります。

　なお、受託者が、信託契約において事前に取り決めていなかったにもかかわらず、信託業務を第三者に委託していた場合に、信託財産に何らかの損失が生じたときは、受益者が負う損失補てん責任は強化されています。第三者に信託業務を委託していなかったとしても、同様の損失が生じたことを証明しなければ、責任を免れることはできません。

■ 原状回復責任

　受託者は、何らかの義務違反行為を行った場合には、**原状回復責任**を負う可能性があります。

　受託者が原状回復責任を負う条件は、①受託者に何らかの義務違反があること、②その義務違反によって信託財産に変更が生じたこと、です。これらの条件を満たす場合には、受託者は信託財産を元の状態に戻さなければなりません。

　この条件を満たす場合でも、①財産を元の状態に戻すことが非常に困難である、②財産を元の状態に戻すために多くの費用がかかる、というような事情がある場合には、受託者に対して原状回復請求はでき

ません。原状回復請求ができない場合には、受託者に対しては損失てん補責任を追及することになります。

■立証について

受益者が、受託者の損失てん補責任や原状回復責任を追及する場合には、受益者の側が受託者の義務違反などの事実を証明する必要があります。

ただし、受託者が、受益者に無断で第三者に信託事務を委託した場合には、受益者は、受益者自身が被った損害を証明すればよく、受託者の行為と損害との間の因果関係を証明する必要はありません。受託者の行為と受益者が被った損害との因果関係がない場合には、因果関係がないことを受託者の側が証明する必要があります。

また、受託者が利益相反行為や競合行為を行うことで利益を得ていた場合には、受託者の得た利益の額が受益者の損失額だと推定されます。受託者の得た利益の額が受益者の損失額より少ないという場合には、そのことを受託者の側が証明する必要があります。

● 損失補てん責任や原状回復責任

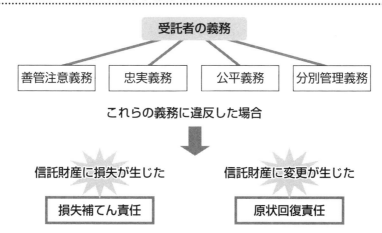

5 信託管理人・信託監督人について知っておこう

信託財産を管理する者が必要である

■ 信託管理人は受益者がいない信託契約で必要

　信託契約を締結する際には、受益者を決めない形式の信託契約（たとえば、ペットの世話をするという内容の信託契約）を締結することが可能です。受益者がいる信託の場合、受託者の行う信託事務については受益者が監視をします。しかし、受益者がいない信託契約が締結されると、受託者を監督する人がいないため不都合だといえます。そのため、受益者がいない信託契約が締結された際には**信託管理人**が必要になります。受益者がいない信託契約が締結された際に、その信託契約の中で信託管理人が決められます。受益者がいない信託契約であれば、信託管理人について信託契約の中に規定がなくても、利害関係人が裁判所に申し立てることにより信託管理人が選任されます。

　信託管理人は、受益者の権利に関する事務を行います。信託管理人が選任されている場合、受益者に対する通知は信託管理人に対して行うことが必要です。

　信託管理人の資格について、特別な資格などは必要ありません。ただし、信託管理人は、ある程度の判断能力が必要であるため、以下の人は信託管理人になることはできません。

・未成年者

・成年被後見人

・被保佐人

　当然のことですが、信託管理人は、対象になっている信託契約において、受託者の業務執行を監督しなければなりませんので、監督される人と監督する人が同一人では無意味ですので、対象の信託契約にお

ける受託者が信託管理人になることはできません。

　なお、信託管理人が辞任したり解任されたり、あるいは、信託管理人が死亡した場合には、信託管理人の任務は終了します。また、その他にも、信託管理人の任務が終了する場合として、以下の場合が挙げられます。

　まず、信託管理人は、受益者がいない信託契約において選任されます。そのため、対象の信託契約において受益者が存在するようになった場合には、信託管理人の業務は終了します。

　また、信託管理人に対して、委託者が信託事務終了の意思表示を行った場合にも、信託管理人の任務は終了します。

信託監督人や受益者代理人とは

　信託監督人は、受益者が単独で行使することができる権利が保護されているかについて監督をします。たとえば、未成年者が受益者の場合、受益者自身が受託者を監督することが困難であるため、信託監督人が選任されます。**信託監督人**は、受託者を監督する権限を持ちますが、権限の範囲が受益者自身とは異なるため注意が必要です。また、受益権を放棄するなどの行為は、受益者監督人の権限に含まれません。信託監督人の資格は、信託管理人と同様です。また、信託監督人の任務が終了する場合についても、辞任・解任、信託監督人の死亡の場合など、信託管理人の場合に似ていますが、それ以外にも、委託者・受託者の同意などによっても、信託監督人の任務は終了します。

　受益者代理人とは、受益者の代理人として受益者の権利を守るために行動する者のことです。受益者が権利を適切に行使できないおそれがある場合（たとえば受益者に意思能力がない場合、成年後見人が選任される）には、受益者代理人が選任されます。受益者代理人の資格や、任務が終了する事由については、信託管理人や信託監督人の場合と同様です。

6 受託者の任務が終了する場合について知っておこう

破産すれば任務は終了する

■ どんな場合に終了するのか

受託者の任務は、以下の事情が生じた場合には終了します。

・受託者である個人の死亡
・受託者である個人が後見開始・保佐開始の審判を受けたこと
・受託者が破産手続開始の決定を受けたこと
・受託者である法人が合併以外の理由により解散したこと
・受託者の辞任
・受託者の解任
・信託契約の中で定めた事情

受託者が辞任する際には、委託者と受益者の承認が必要です。また、やむを得ない事情があり、委託者と受益者の承認がなくても辞任する必要があるという場合には、裁判所の許可を得て辞任します。委託者が死亡してすでにいないという場合には、委託者の承認を得ることはできないため、受託者が辞任するには裁判所の許可を得る以外に方法はありません。委託者と受益者が合意すれば、受託者の解任が可能です。受託者に義務違反行為がある場合には、委託者・受益者はそれぞれ裁判所に対して受託者解任の申立てをすることができます。

■ 引継ぎについて

受託者がいなくなったとしても、信託事務は存続しますから、後任の受託者選任や引継ぎといった問題が生じます。ただし、新しい受託者が信託事務を引き継ぐことがないまま、1年間が経過すると、信託事務自体が終了することになりますので、注意が必要です。

なお、受託者が死亡した場合に、相続人がいたとしても、相続によって、相続人が新たな受託者に選任されるということはありません。というのも、受託者としての地位は、相続の対象に含まれませんので、相続人は受託者の地位を引き継ぐことはできないためです。

　新しい受託者の選任については、信託契約の中で選任方法についての規定がある場合には、その規定に従って新しい受託者を選任します。とくに、委託者が後に高齢により、認知症などになったリスクに備えて信託契約を結んだ場合には、信託期間が長期間にわたる可能性もあるため、受託者が死亡したり、あるいは、受託者が認知症など判断能力を失ってしまうリスクもあります。そのため、受託者が欠けた場合の対応について、あらかじめ契約の中で定めておくことが望ましいといえます。

　信託契約の中で新受託者選任方法の規定がない場合には、委託者と受益者の合意によって、新受託者を選任します。この時点で、委託者が死亡しているなど、委託者が不在になっている場合には、受益者のみで選任することも可能です。

　さらに、信託事務の引継ぎをスムーズに行うために、前の受託者には任務終了通知義務や信託財産の保管義務が課せられています。また、

● 任務終了事由

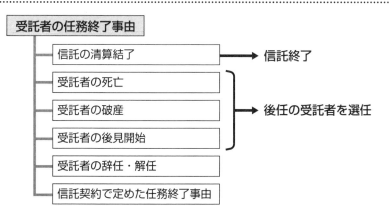

新受託者が選任されるまでの間、裁判所が選任した信託財産管理者が一時的に信託財産を管理するという制度も設けられています。

■ 破産手続開始決定を受けた場合

受託者が破産手続開始決定を受けた場合、原則として受託者は信託事務を続けることができなくなります。ただし、信託契約の中に「破産手続開始決定を受けた場合でも、信託事務を続けてもらう」という内容の条項を設けた場合には、その受託者に信託事務を続けてもらうことができますが、一般的には破産手続開始決定がなされた人に信託事務を続けてもらうことは適切ではありません。

破産手続開始決定により、受託者の信託事務が終了する場合には、前受託者は受益者に対してそのことを通知します。また、裁判所の選任した破産管財人に対して信託財産の内容を通知します。新しい受託者が就任するまでは、破産管財人は引継ぎに必要な準備を行います。

■ 信託財産と固有財産の区別がつかない場合

信託財産と受託者個人の財産とが区別できなくなった場合（信託財産の管理に不手際があったような場合）、信託財産と受託者個人の財産の価格割合に応じて、信託財産になるか受託者個人の財産になるかが決まります。

信託財産と個人財産のそれぞれの価格がわからない場合には、持分割合は等しいものとして、信託財産と受託者個人の財産とを分割します。

● 破産手続開始決定があった場合

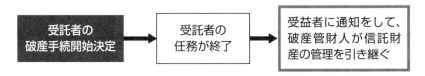

7 受益者にはどんな権利があるのか

譲渡できない権利もある

受益権とは

受益者は、「受益権」を有しています。**受益権**とは、①受益債権、②受益債権を確保することを求める権利の2つの権利をいいます。受益権のことを信託受益権と呼ぶこともあります。

受益債権とは、具体的には、受益者が受託者に対して持っている債権であって信託財産に関連する金銭などを求める権利のことです。

たとえば、委託者Aが受託者Bと信託契約を締結し、Aの娘Cを受益者にしたとします。信託契約の内容は、委託者Aの財産の2億円を受託者Bに渡し、受益者Cが成人するまで毎月50万円をBはCに渡し続け、Cが成人すると2億円の残りを全額BからCへ渡すというものです。Cは、AがBに信託した2億円から、毎月50万円を受け取る権利と、Cが成人した時点で信託財産の残りの全額を受け取る権利を受益債権として取得します。

ただし、Bが信託財産を運用してその中からCが金銭を受け取ることになっていた場合、信託契約の中でCが成人した際に受け取る金額は1億円と定めていたとしても、運用の結果、8000万円しか信託財産が残っていなければ、Cは8000万円しか受け取ることができません。

受益者が死亡した場合、死亡によって信託が終了すると契約で定めていた場合には、信託は終了します。しかし、それ以外の場合には、信託は継続し、別の受益者の選任について定められている場合には、その人が新たに受益者になり、受益者に関する定めがない場合には、受益者のいない信託として存続することになります。

■ 障害者や認知症の人も受益者になれるのか

受益者の資格に関して、信託法は規定を置いていません。したがって、障害者や認知症の人であっても、受益者として信託を行うことが可能です。とくに、判断能力を失っている知的障害者の人や認知症の方でも、受益者になることについては、何ら支障も生じません。

その一方で、受益者には、受託者の監督権限など、一定の判断能力が必要な権限もあります。そのような場合には、受益者代理人の選任が必要になります。受益者代理人が選任された場合には、受益者は判断能力が必要な権限の行使については、受益者代理人が行使することになるため、権限の行使が制限されることになります。

■ 受益者に通知せずに信託をすることができるのか

信託において、受益者の同意は不可欠ではありません。したがって、受益者に信託行為について通知を行わずに、信託を行うことも可能です。ただし、信託契約において、受益者に通知しないということを明示しておく必要があります。とくに、委託者が親で、受益者が幼少の子どもである場合には、子どもの将来のために信託した預金について、子どもに知らせることなく、委託者が預金を振り込む場合も少なくありません。また、通知を受けていない受益者についても、財産の無償取得によって、贈与税が課される点には注意が必要です。受益者自身は信託行為の存在を知らないため、信託財産から、受託者などが代わって贈与税を納付します。

■ 譲渡することもできる

受益権は、原則として自由に譲渡することができます。ただし、①受益権の性質上譲渡することが許されない権利や、②受益権の譲渡禁止の特約を設けた場合については受益権を譲渡することはできません。

① **受益権の性質上譲渡することが許されない権利**

障害者を扶養するために障害者を受益者として信託がなされた際の、受益者の権利などが該当します。障害者を扶養するために信託契約が締結された場合には、受益者である障害者個人のために信託契約が締結されているので、受益者が受益権を譲渡することはできません。

② 受益権の譲渡禁止の特約を設けた場合

原則として受益権を第三者に譲渡することはできません。しかし、譲渡禁止の特約について善意（譲渡禁止の特約の存在を知らない）の第三者に対しては、譲渡禁止特約があることを主張できません。

受託者の立場から見た場合、受益者が受益権を譲渡したとしてもすぐに受益権の譲渡の事実を知ることができるわけではありません。受益者が勝手に受益権を譲渡してしまうと、受託者は誰が受益者なのかわからなくなってしまう可能性があります。そのため、受益権を譲渡する場合には、受託者に対して通知をするか、受託者の承諾を得る必要があります。

また、受益権が二重に譲渡されるケースも考えられます。たとえば、受益者AがBとCの2人に受益権を譲渡するというケースです。この場合、BとCのうち、先に確定日付（後に当事者が変更することがで

● 受益権とは

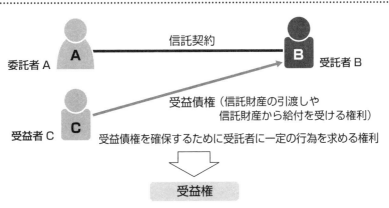

きない日付）のある通知を受けるか、確定日付のある承諾を受けた方が受益権を取得します。確定日付は、公証役場において、公証人から文書に日付のある印章を押してもらうことで取得することができます。

報告請求権について

委託者と受益者は、受託者に対して信託事務の処理の状況や信託財産について報告を求めることができます。この委託者と受益者の権利のことを**報告請求権**といいます。

報告請求権は、帳簿閲覧請求権と同様に重要な権利です。そのため、信託契約の中に「委託者と受益者は受託者に対して報告請求権を行使することができない」というような条項を設けて、委託者や受益者の報告請求権を制限することはできません。

受託者に対して報告を求める際に、報告を求める理由を明らかにする必要はありません。報告の方法も、受託者に対して一方的に情報提供を求めるという形式に限定されるわけではなく、委託者や受益者の質問に対して受託者が答えるという形での報告を求めることも可能です。

帳簿等閲覧請求権について

受益者は、受託者に対して、信託帳簿や信託事務の処理に関する契約書の閲覧を請求することができます。その際、受益者は、帳簿等を閲覧する理由を明らかにする必要があります。この受益者の権利のことを、**帳簿等閲覧請求権**といいます。

報告請求権と異なり、委託者には帳簿等閲覧請求権がありません。また、受益者は帳簿等を閲覧する理由を明示する必要がありますが、その理由を根拠づけている事実を立証する必要はありません。

受益者が帳簿等閲覧請求をした場合でも、次のいずれかに該当する場合は、受託者は帳簿の閲覧を拒絶することができます。

① 帳簿等の閲覧請求を行った者が、権利の確保や行使に関する調査

以外の目的で請求を行った場合
② 不適当なタイミングで帳簿等の閲覧請求が行われた場合
③ 信託事務の処理を妨げる目的で帳簿等閲覧請求が行われた場合
④ 複数の受益者の共同の利益を害する目的で帳簿等閲覧請求が行われた場合
⑤ 帳簿等の閲覧請求をした者が信託業務と実質的に競争関係にある事業を営んでいる場合
⑥ 帳簿の閲覧によって知った事実を、第三者から金銭等を受け取ってその第三者に情報を渡すために、帳簿等の閲覧請求が行われた場合
⑦ 帳簿等の閲覧を請求した者が、過去2年以内において、帳簿の閲覧によって知り得た事実を、第三者から金銭などを受け取ってその情報を第三者に渡していた場合

ただし、④〜⑦は、受益者が複数人いる場合に、他の受益者の利益を守ることを目的として、受託者に帳簿閲覧の拒絶が認められています。そのため、受益者が1人であるケースや、受益者全員から帳簿等の閲覧請求が行われた場合には、受託者は④〜⑦を理由として請求を拒絶することはできません。

● 報告請求権と帳簿閲覧請求権

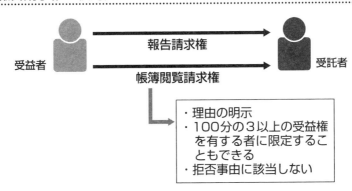

■ 時効により受益権が消滅することもある

　受益債権も債権の一種です。そのため、権利を行使できると知ってから5年間、債権を行使しなければ時効により消滅します。

　受益債権は受益権の中でも中心的な役割を占める権利です。そのため、受益債権が消滅すれば受益権も消滅します。

　原則として、消滅時効の期間は、その権利が行使できるようになった時点から計算されます。権利を持っている人が、権利を行使できる状態にあることを認識しているかどうかは関係がありません。つまり、権利を持っている人の認識に関わらず消滅時効の期間は進行するのが原則です。しかし、信託契約の場合にもこの原則をあてはめてしまうと、受益者に指定された人がその事実を知らないうちに受益債権の消滅時効が進行してしまうことがあり、不都合です。そのため、信託法102条には、受益者が受益者としての指定を受けたことを知るまでは信託債権の消滅時効は進行しないことが規定されています。

　また、受益債権が時効により消滅すると、それにともない信託財産が他の受益者に渡ってしまう（受益者が複数いる場合、受益者が減少すると相対的に他の受益者の取り分が増える）といった利益相反関係が生じる可能性があります。そのため、信託法102条によって、受託者が信託債権の消滅時効を援用できるケースは、以下の場合に限定されています。

・受託者が、消滅時効の期間の経過後、受益者に対し受益債権の存在と内容を通知し、受益者から履行の請求を受けなかったとき

・消滅時効の期間の経過時において受益者の所在が不明であるときなど、受益者に対し受益債権の存在と内容の通知をしないことについて正当な理由があるとき

　なお、受益債権は、債権を行使できる時点から20年を経過すれば消滅し、受益者は信託財産から利益を得ることができなくなります。

8 委託者について知っておこう

委託者の地位は相続できない

■ 委託者にはどんな権利があるのか

　委託者は、受託者との間で信託契約を締結します。しかし、信託関係は、原則として受託者と受益者との間で形成されます。そのため、委託者が行使できる権利は、信託の利害関係人一般に認められる権利の他、報告請求権、受託者の選任・解任・辞任に関する権利に限定されています。ただし、信託契約の中で、委託者の権利を追加することは可能です。たとえば、受益者の帳簿等閲覧請求権、損失てん補請求権などを委託者も行使できるように信託契約の中で定めることができます。逆に、委託者は何の権利ももたないと定めることもできます。

　委託者には、原則として誰もがなることができます。ただし、信託財産の処分などについて、判断能力が必要なことから、認知症などによりすでに判断能力が失われている場合には、委託者になることはできません。未成年者については、委託者になることに制約はありませ

● 委託者の権利

```
┌──────────────┐
│　委託者の権利　│
└──────┬───────┘
       │      ┌─────────────────────────────┐
       ├──────│ ・信託に関する報告請求権          │
       │      │ ・受託者の選任・解任に関する権利   │
       │      │ ・信託の分割や併合に関する権利     │
       │      └─────────────────────────────┘
       │      ┌─────────────────────────────┐
       ├──────│ 信託の利害関係人に一般に認められる権利 │
       │      └─────────────────────────────┘
       │      ┌─────────────────────────────┐
       └──────│ 信託契約の中でとくに委託者に認めた権利 │
              └─────────────────────────────┘
```

ん。ただし、信託の形式として遺言により信託を行う場合（遺言による信託）には、有効な遺言を行うことができる年齢が15歳以上と規定されているために、遺言信託の場合には15歳未満の未成年が委託者になることはできません。なお、委託者としての地位は、受託者と受益者の同意を得て、第三者に移転可能です。

■ 委託者を相続した場合

　個人である委託者が死亡した場合、原則として委託者としての地位は相続されません。ただし、例外的に委託者としての地位が相続される場合もあります。信託が終了した時点で信託財産が残っていた場合に、受益者が残余財産を受け取る権利を放棄した場合には、委託者か委託者の相続人が残余財産を受け取ることができます。

　なお、遺言による信託（81ページ）の場合には、委託者の地位が相続人に相続されることはありません。なぜなら、遺言信託では、委託者が意図したとおりに財産を分配する必要があり、受益者と委託者の相続人との利害関係が対立する可能性があるためです。

● 委託者が死亡した場合

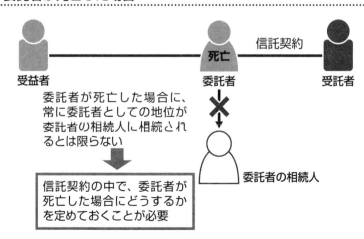

9 信託はどのように設定すればよいのか

信託には種類がある

■ 信託契約の締結

　信託をするには、①信託契約の締結、②遺言による信託、③自己信託の3つの異なった方法があります。このうち信託契約は、委託者になる者と受託者になる者との間で締結します。契約の中で、財産の処分や信託の目的、受託者になる者が行うべきことなどを取り決めます。

　信託契約は、書面で締結する必要はありません。委託者と受託者との間で合意をすれば、それで信託契約は成立します。

　しかし、信託は長期間存続する可能性が高く、契約期間中か契約終了後にトラブルが生じる可能性もありますので、通常は信託契約の内容は書面にします。

■ どのような契約が信託と認定されるのか

　財産の譲渡、信託の目的、受託者が財産の管理をすることなどを信託契約の中で規定します。契約書の中に「信託」という文字がなくても、これらのことについて規定されていれば、その契約は信託契約と認定されます。信託契約と認められるか否かのポイントとしては、おもに以下の点が挙げられます。

・財産の処分についての定めがあること

　信託法では、信託とは、譲渡や担保権の設定など、その他の財産の「処分」をいうと規定しています。したがって、契約の名称のいかんを問わず、契約内容として財産の処分に関する規定がなければ、信託契約として認めることはできません。当然のことながら、ここでいう財産とは、信託財産の対象に含まれる財産に限られますので、他人に

対する債務（借金など）などは除かれます。

・信託目的に関する定めがあること

　信託は、受益者の利益を考慮して設定されなければなりません。そのため、信託契約において、受益者の利益が目的であることを明確に示す必要があります。たとえば、受託者の利益を目的に信託契約を締結しても、それは有効な信託契約と認めることはできません。

・信託事務に関する定めがあること

　信託においては、受託者は信託事務を処理することになりますが、事務範囲を「受益者の利益のための事務を行う」と抽象的に定めてみても、実際にどのような事務を処理するのかが明らかではありません。そこで、信託契約の中で、具体的な信託財産の管理・処分（売却するか否かなど）方法、受益者にどのような形で利益が生じるのかが明示される必要があります。

　裁判例の中にも、「信託」と明示されていなくても契約の内容が信託だと認定したものがあります。たとえば、詐欺事件の被害者代表に対する加害者からの預かり金は、詐欺事件の被害者を受益者とする信託と認定されています。また、債務整理のための弁護士に対する預り金が信託と認定されたケースもあります。ただし、お金を預かってい

● **信託契約のしくみ**

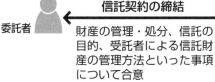

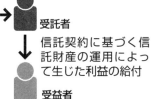

80

れば何でも信託になるというわけではありません。

遺言による信託

信託契約の他に、遺言を利用することでも信託を行うことができます。遺言は、死亡した人が残したメッセージであれば何でもよいというわけではありません。原則として、自筆証書遺言、公正証書遺言、秘密証書遺言のいずれかの方式に従って作成された遺言であることが必要です。

ただし、遺言により受託者を指定しても、その人が受託者になることを引き受けなければ、その人は当然には受託者にはなりません。そして、受託者になる人の承諾を得ているのであれば、通常、遺言による信託をする必要はありません。遺言による信託の場合は受託者の承諾を得る必要がありますが、あらかじめ受託者の承諾を得ているのであれば、わざわざ遺言による信託をしなくても通常の信託をすればよいからです。そのため、遺言による信託という方式を利用するメリットは少ないといえます。

遺言信託とは何か

信託銀行など、多くの信託会社等では、遺言信託という業務を扱っ

● 遺言による信託のしくみ

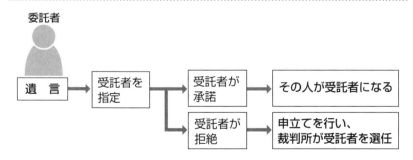

ています。遺言信託では、遺言の作成・保存を行ったり、遺言執行者として遺言の内容を実現するという業務を行っています。

　信託会社等は遺言の内容を実現するための業務を行いますが、遺言により信託が設定されているわけではありません。前述した「遺言による信託」は遺言を使って設定される信託ですので、この点で遺言信託と遺言による信託は異なっています。

　信託会社等の遺言信託業務では、財産に関する業務を取り扱っています。子どもの認知など身分に関する事項については、信託会社等が手続を行うことはできません。遺言信託をすれば、通常の遺言とは異なる特殊なことができるようになるというわけではありません。遺言執行者として適任者がいない場合に、遺言の執行を依頼することのできる点に遺言信託のメリットがあります。遺言信託を行う場合でも、相続人の遺留分（251ページ）を侵害することはできません。

■ 自己信託による方法とは

　委託者が自分を受託者とする信託の形式も存在します。このような形式の信託のことを自己信託といいます。たとえば、親Aと子どもBがいるとして、Aが「私は委託者兼受託者として、自分の土地をBのために、Aを受託者、Bを受益者として管理します」と宣言して信託をすることは、自己信託に該当します。したがって、将来、認知症になった場合の財産管理の備えとして、自己信託は機能しないことに注意が必要です。自己信託を設定する場合には、原則として、公正証書（178ページ）によって信託を設定しなければなりません。公正証書に記載しなければならない事項は、以下のとおりです。

① 　信託の目的
② 　信託を行う財産を特定するための事項
③ 　自己信託をする者の氏名・名称、住所
④ 　受益者に関する定め（受益者を定める方法など）

⑤ 信託財産に含まれる財産の管理・処分の方法
⑥ 信託行為に条件や期限をつける場合は、その条件や期限に関する事項
⑦ 信託行為において、信託が終了する事由を定めた場合には、その事由（終了事由を定めない場合には、定めていないことを記載する）
⑧ その他の事項

　公正証書を利用しない場合には、受益者になる予定の者に対して、確定日付のある証書による通知を行うことが必要です。これにより、自己信託を利用して不正がなされることを防止できます。また、一定の場合、信託が正しく行われたことや、信託財産の評価額が適正であることを示すために、弁護士・公認会計士・税理士等による調査を受ける必要があります。

　なお、自己信託は、おもに委託者と受託者が同一である場合を指しますが、受益者が同一（つまり委託者・受託者・受益者が同一人物）である場合もあります。この場合には、信託法は、設定後1年以内に、他の受益者を追加する、あるいは、他の人に受益者を変更しなければ、信託が終了すると規定しています。

● 自己信託のしくみ

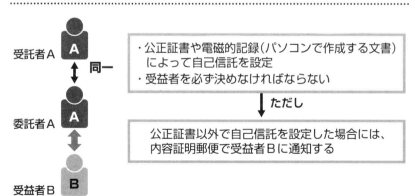

10 福祉型信託について知っておこう

ニーズに対応する必要がある

■ どんなしくみになっているのか

　福祉型信託とは、高齢者や障害者のための生活支援や財産管理のために信託を設定することをいいます。高齢者や障害者を受益者として信託財産から生活費や会議費用・治療費などを給付することで高齢者や障害者が安心して生活できるしくみを作るものです。具体的には、受益者の財産を守り、受託者から生活費の給付を行います。福祉型信託は、老後や消費者被害への備え、自分の死後や障害のある家族の生活を守る、葬儀・遺産分割などをスムーズに行うといった目的で利用されます。

■ どんな注意点があるのか

　福祉型信託を利用する場合には以下の点に注意する必要があります。

① **それぞれのニーズに対応する必要がある**

　受益者である高齢者・障害者の生活状況や家族関係などはさまざまですので、一律に信託の形を決めることはできません。事例に応じて、成年後見制度や遺言などと併用していく必要があります。

② **商事信託と違い、利益を上げることを目的としていない**

　福祉型信託の場合、受益者の生活を守ることが大きな目的になります。もちろん、信託によって利益を生み出すことができれば、その方がよいわけですが、基本的には受益者の生活のために福祉型信託が利用されます。

③ **福祉サービスとの連携が必要になる**

　福祉型信託により、受益者に対して金銭が払われます。しかし、受

益者が高齢者や障害者の場合、その金銭を使って日用品などの買い物を行うことは難しい場合もあります。そのため、公的機関と連携したり、任意後見契約（118ページ）を併用することで、受益者が必要な物を手に入れることができるような体制を整える必要があります。

法定後見制度や任意後見制度との併用

法定後見制度（116ページ）は、物事の判断能力が不十分な人を支援するための制度ですが、信託制度は判断能力を十分に備えている人及び判断能力が不十分な人についても法定後見制度を併用することによって活用することができます。

任意後見制度は、自らの判断能力が低下した場合に備え、判断能力が低下した後の財産管理や生活を守るための制度です。

信託を利用した場合、受益者は生活に必要な金銭を受け取ることができますが、その金銭を使用する際の支援を受けることはできません。そうすると、受益者が高齢者や障害者である場合に、信託によって受け取った金銭を利用できないという不都合が生じます。そのため、このような部分を補うものとして、任意後見制度を利用する必要があります。信託と任意後見制度を併用することにより、効果的な支援が可能になります。任意後見制度と信託とを併用した場合、後見人と受託者とを兼任することが可能です。

どんな利用法があるのか

福祉型信託の利用法としてはさまざまなものが考えられますが、ここでは2つの利用方法を紹介します。

① 遺言代用信託の活用

遺言代用信託とは、たとえば自分が生きている間は自分を受益者として生活費を信託財産の中から受け取り、自分が死んだ後は家族等を受益者とする形式の信託です（87ページ）。遺言代用信託を活用すれ

85

ば、自分の死後の財産分配を円滑に行うことができます。この場合、福祉型信託においては高齢者や障害者など自分の権利を適切に行使することができない者が受益者となるため、受益者が適切に権利行使できるように、受益者代理人を決めるなどの配慮が必要になります。

② 受益者連続型信託の活用

　受益者連続型信託とは、受益者が死亡した場合に他の者に受益権が移転するという形式の信託のことをいいます（89ページ）。福祉型信託では、自分が生きている間は自分自身の生活を守ってもらい、自分が死んだ後は家族の生活を守ってほしいと考えている人のニーズを満たす必要があります。受益者連続型信託を利用すれば、このような人のニーズを満たすことができます。

福祉型信託を活用できるケース

　たとえば、重度の障害がある子どもをもっている親は、自分が死んだ後に障害のある子どもの世話をどうするかを心配します。1つの方法として、負担付遺贈を活用するという方法があります。これは、相続財産の中から、特定の人に対して、障害を持った子の世話をすることを条件に、財産を譲り渡すという方法です。これにより、一定程度は障害を持つ子の世話を確保できます。しかし、負担付遺贈を受けた人が実際に世話を行うことを保障できないという問題点があります。そこで、信託を利用することで、そのような親の心配を払しょくすることができます。信託契約も何もせずに、親が死んだ後に相続が行われると、子どもは法定相続分に従って親の財産を相続するだけになります。しかし、それでは療養に必要な財産を確保できるとは限りません。また、管理ができずに相続した財産を失ってしまうという可能性もあります。

　そこで、財産を子どもの生活や療養のために信託会社や信頼できる人に対して信託をしておけば、その者が財産の管理を行い、子どものために財産の運用を行います。

11 遺言代用信託について知っておこう

委託者が死亡した際に受益権が生じる

■ どんなしくみになっているのか

遺言代用信託とは、遺言書を作成せずに、指定した人に財産を引き継ぐことができる信託のことです。遺言代用信託は、遺言によって設定される遺言（による）信託とは異なり、生前に受託者と信託契約を締結し、委託者自らを受益者とした上で、自分の死後に財産を承継させたい人を指定しておきます。こうすることで、委託者が死亡しても、通常の相続のように資産が凍結されることなく、円滑に財産の管理や運用を継続して行うことができるわけです。

遺言代用信託を行った場合、委託者は死亡するまで、死亡後に受益権を取得する受益者を変更することができます。遺言代用の信託を行う委託者は、通常は受益者を変更する権利を保持しておきたいという意思を有しているので、委託者が受益者を変更する権利について信託法で規定されています。

また、「委託者の死亡後に受益者が財産を受け取る」という内容の信託の場合、原則として委託者が死亡する前は、受益者は受益者としての権利を有しません。

さらに、遺言代用信託では、委託者自らが受託者の適正をチェックすることができるため、福祉型信託で利用する場合などは、残された高齢配偶者や障害のある子の生活保障をより確実なものとすることができます。委託者は、いつでも信託契約の内容を変更したり契約そのものを解約することもできるため、不誠実な受託者を解任することもできるのです。

なお、遺言代用信託も、遺留分（251ページ）に関する規制を受け

87

ます。そのため、遺言代用信託を行う場合には、相続人の遺留分に配慮して信託の内容を決める必要があります。

遺言による信託と遺言代用信託の違い

遺言によって信託を設定することを遺言信託といいます。

これに対して、遺言代用信託とは、委託者が死亡した際に受益者が受益権を取得したり、財産を受け取ることを内容とする信託のことをいいます。

遺言信託を行う場合には、民法の遺言に関する規定に従う必要があります。これに対して、遺言代用信託の場合は、単に信託契約を締結するだけですみます。

また、遺言信託の場合には受託者に指定した者が本当に受託者になってくれるとは限りません。しかし、遺言代用信託の場合には、委託者が生きているうちに受託者を指定するので、指定した者が受託者になってくれないということはありません。

このような観点からすると、遺言信託よりも遺言代用信託の方が使い勝手がよいといえます。

● 遺言代用信託のしくみ

パターン1

委託者の死亡 ⇒ 受益者の指定 ⇒ 受益者が受益権を取得

パターン2

委託者の死亡以後に受益権を取得する定め ⟹ 信託財産の給付を受ける

12 受益者連続型信託について知っておこう

受益権が移動する信託もある

■ どんなしくみになっているのか

　受益者が死亡した場合に、その受益者の受益権が消滅し、他の者が新たな受益者となるという内容の信託のことを**受益者連続型信託**といいます。受益者連続型信託は、後継ぎ遺贈型信託と呼ばれることもあります。たとえば、Aには、妻B・長男C・次男Dがいるとします。何もしていなければ、Aが死亡した場合にはAの財産はBに2分の1、CとDに4分の1ずつ相続されます。しかし、信託により、Aが生きている間はAが受益者、Aが死亡した後はBが受益者、Bが死亡した後はCが受益者、Cが死亡した後はDが受益者とすることもできます。これが受益者連続型信託です。もっとも、複数の受益者がいる場合、受託者は公平に財産的利益を分配する義務を負いますが、受益者連続型信託は、受益者変更の時期などにより、受益者が受け取る利益の額に、大きな差が生じる場合があるため、運用には注意が必要です。

　受益者連続型信託は、信託が行われてから30年が経過した後に受益権を取得した者が死亡するか、あるいは受益権が消滅することにより終了します。前述した例では、Aが死亡してBが受益権を取得したのが信託後30年を経過する前であれば、Cは受益権を取得できます。しかし、Aが死亡してBが受益権を取得したのが信託後30年を経過した後であれば、Bは受益権を取得できてもCは受益権を取得することはできません。

　このような形式の信託を行う場合でも、各相続人の遺留分は侵害することはできません。前述の例では、Aの財産に対してCとDは8分の1の遺留分を有しています。C、DはA死亡の段階で請求をすれば、

自分の遺留分について財産を渡すように請求することができます。

■ 税制上の問題点について

受益者連続型信託が行われて、受益者が対価を支払わずに受益権を取得した場合には、その受益権は贈与か遺贈（19ページ）によって移転したものとみなされます。

たとえば、前述した例でAさんはアパートを持っていたとします。そして、信託の内容は、「受益者が死亡したとき、次の受益者がアパートの賃料を受け取る。アパートは信託が終了した時の受益者が取得する」というものです。これでAが死亡した場合、Bはアパートの賃料を受け取ることができるもののアパートそのものを取得することはできません。しかし、相続税法上は、アパートを相続したものとして相続税が課されます。同じように、CやDが受益権を取得した場合も、CやDはアパートを取得したものとして相続税を支払う必要があります。

このように、受益者連続型信託の制度を利用した場合、財産を相続したのと同一の相続税を支払う必要があります。

● 受益者連続信託のしくみ

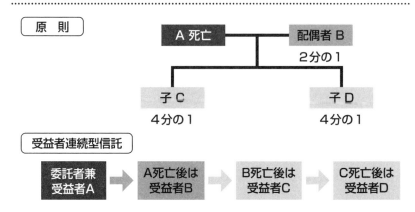

13 特定贈与信託について知っておこう

特定贈与信託は重度の障害者の生活を支えるための金銭信託制度

■特定贈与信託の特徴

　心身に重度の障害を持っている人の多くは、家族の援助によって生活しています。**特定贈与信託**は、家族がいなくなった将来においてもこういった障害者が引き続き生活していけるように金銭の信託を行っておく制度です。重度の障害者は、生活費の他に、定期的に医療費がかかるのが通常です。そのため、親などが亡くなってしまうと、医療費の支払いなどに困ることになりますが、特定贈与信託を用いると、生活費の管理や必要な医療費の支払いが確保されることになります。

　特定贈与信託を利用することによって特別障害者一人あたり6,000万円まで、家族や支援者などから非課税で贈与を受けることができます。

　特定贈与信託を委託することができるのは、受益者となる障害者の家族や支援者などの個人に限られます。複数人で共同して委託することも可能ですが、法人からの贈与は一時所得として取り扱われ、課税されることになります。

　特定贈与信託の対象者は心身に重度の障害を持っている特別障害者に限定されています。ただし、心身に障害を持っていてもその障害が軽度である場合には対象者となりません。特別障害者の範囲は法令で定められており、具体的には精神障害者保健福祉手帳1級や身体障害者手帳1級および2級の者、重度の知的障害者と認定された者等とされています。

■対象となる財産にはどんなものがあるのか

　信託することができる財産は、以下の6つに限定されています。

① 金銭

② 有価証券

③ 金銭債権

④ 立木、立木とともに信託される立木の生育地

⑤ 継続的に他人に賃貸される不動産

⑥ 受益者である特別障害者の居住する不動産

　⑥の不動産については①～⑤までの財産のどれかといっしょに信託されることが必要です。

■ 信託期間や費用など契約についてのポイント

　信託期間は受益者である特別障害者の死後6か月を経過する日までとされます。あらかじめ期間を定めておくことや、契約途中での解除や取消しはできません。6,000万円になるまで信託財産を追加することは可能です。

　信託財産は信託会社によって運用され、得られた収益は信託財産に加えられます。受益者である特別障害者の所得となり、所得税計算に含める必要が生じます。元本割れが生じた場合、信託財産は貯金（預金）保険の対象外となっているため、保護を受けることはできません。また、贈与信託を利用する際には信託報酬や租税公課、事務費などの費用がかかり、これらは信託財産から支払われます。

■ 非課税措置を受けるための要件と手続き

　特定贈与信託は、非課税の措置を受けることができる制度です。税法上非課税の措置が適用されるのは、政策上の配慮によるものです。特定贈与信託も、国内に240万人以上いるとされる「特別障害者の生活安定」というその目的から非課税対象とされます。非課税の措置を受けることができる特定贈与信託は、取消しや解除、受益者の変更ができないものに限られます。また、受益者である特別障害者の生活や

療養の必要に応じて、定期的にかつ適切に金銭の交付が行われることが要件となります。受託者である信託会社等は安定した収益の確保を目的に、適正に信託財産の運用を行わなければなりません。

特定贈与信託における税法上の優遇（非課税）措置が適用される税は、贈与税です。財産（厳密には、信託財産に係る受益権）の生前贈与という形になるため相続税法の「特別障害者に対する贈与税の非課税制度」により6000万円（信託財産）を限度として贈与税が非課税となります。

非課税の措置を受けるためには障害者非課税申告書を所轄の税務署長に提出することが必要です。この手続きは以下の書類を添付し、信託会社等を経由して行われます。

① 特別障害者扶養信託の契約書の写し
② 特別障害者である証明書
③ 信託財産の価額の明細書と特別障害者の住民票の写し

● 特定贈与信託のしくみ

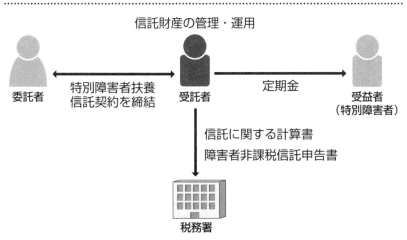

14 後見制度支援信託について知っておこう

被後見人の財産を守る必要がある

■ どのような制度なのか

後見制度支援信託とは後見制度を利用している被後見人の財産を守るための制度で、生活費など日常的に使用する金銭については後見人が管理し、それ以外の金銭については信託銀行等に信託するしくみです。近年、後見人による使い込みが社会問題となっているのを受け、後見人の不正を防止する有効手段として利用が増えています。

手続きの流れは次のようになります。

家庭裁判所は、後見開始の審判をするにあたり、後見制度支援信託の利用を検討すべきケースだと判断した場合は、弁護士や司法書士などの専門職後見人を選任します。

選任された専門職後見人は被後見人の生活・経済状況などに照らし後見制度支援信託の利用の適否を検討し、利用に適していると判断した場合は、信託する財産の額、生活費などの日常的に支出に充てるための額などを設定し、家庭裁判所へ報告書を提出します。

裁判所は報告書の内容を踏まえ、指示書を発行します。専門職後見人は発行された指示書を信託銀行等（受託者）に提出して、信託契約を締結します。信託が設定されると、専門職後見人は辞任し、親族後見人に財産の引継ぎが行われ、以降、親族後見人は日常的に必要となる金銭のみを管理し、それ以外は信託銀行等が管理していくことになります。

なお、親族後見人が管理する金銭が不足する場合は、家庭裁判所から指示書を得て、信託銀行等から払戻しを受けることになります。

後見制度支援信託を利用して信託できる財産は、金銭のみに限定さ

れています。

どんなメリットがあるのか

　後見制度支援信託を利用した場合の大きなメリットとして、後見人の不正を防止できることが挙げられます。

　後見制度の下では、後見人は大きな権限をもつことになります。しかし、後見人が被後見人の財産を流用してしまうという事例が増加しており、このような後見人の不正行為を防ぐ必要がありました。

　後見制度支援信託であれば、信託財産を払い戻すには家庭裁判所の指示が必要になります。被後見人の財産からの支出を家庭裁判所がチェックすることができるため、後見制度支援信託を利用すれば、後見人の不正行為を防ぐことができます。

　このことは裏を返せば、後見人となった親族が他の親族から使い込みなどを疑われて親族間で深刻なトラブルに発展するという事態を未然に防ぐ効果も期待できます。被相続人の財産を信託財産として管理してもらうことで、後見に関する金銭管理の透明性や客観性が確保で

● 後見制度支援信託のしくみ

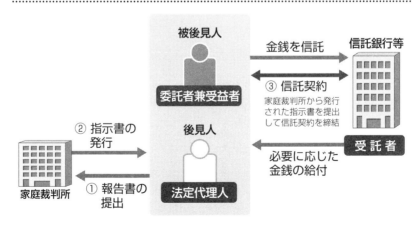

きるというわけです。

　ただし、後見制度支援信託を利用した場合、後見人は、被後見人の年金を受け取り、その中から介護施設のサービス利用料など日常的な支払いを行っていきます。被後見人の収入よりも支出の方が大きくなる場合は、信託財産から必要な金額が定期的に振り込まれ、その中から日常的な支払いをしていくことになります。

　つまり後見人が管理できるのは日常生活費等に限定されているため、急な医療費や臨時の支出があった場合など急きょ金銭が必要となった場合は、裁判所から指示書を発行してもらわない限り、信託財産からの払戻しを受けることができないので、不便さを感じてしまうかもしれません。

■ 家庭裁判所の指示書が必要な事項

　後見人が信託財産について下記の行為を行う場合には、家庭裁判所が発行した指示書が必要になります。
・一時金を払い戻してもらう場合
・定期的に交付されている金額を変更する場合
・信託財産を追加する場合
・信託契約を解約する場合

■ 信託契約が終了する場合とは

　信託契約の契約期間は、成年後見の場合は被後見人の死亡時に終了します。被後見人の後見開始取消審判が確定した場合にも信託契約は終了します。

　後見制度支援信託は、被後見人の生活を守るための制度です。そのため、被後見人が死亡したり、後見開始審判が取り消された場合には、後見制度支援信託を続ける意味がないといえるので、その時点で契約が終了します。この他にも、信託金額が1回の定期金の額を下回った

場合、信託契約が解約された場合、信託会社等が受託者を辞任した場合などにも信託契約は終了します。

なお、未成年後見では、被後見人が成年になった時点で契約は終了します。ただし、最低信託契約期間が定められている場合には、被後見人が成年になった後も最低信託契約期間が経過するまでは契約は継続します。

専門職後見人から親族後見人への引継ぎ

成年後見制度を利用する場合でも、後見制度支援信託を利用しない場合には、弁護士や司法書士といった専門家に限らず、親族その他一般の人を後見人として選任してもらうことができます。

しかし、後見制度支援信託を利用する場合、信託契約の締結には専門知識が必要になるため、弁護士あるいは司法書士が専門職後見人として選任されることになります。弁護士や司法書士であれば誰でもよいというわけではなく、実務上は、ケースごとに一定の弁護士や司法書士を選任する取扱いがなされているようです。契約の締結など、専門職後見人が関与する事務の終了後、専門職後見人から親族（親族後

● 手続きの流れ

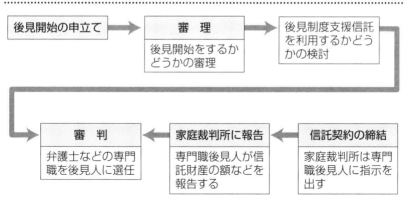

見人）に財産管理の事務などを引き継ぐことになります。

どんな問題点があるのか

　後見制度支援信託には問題点も存在します。

　まず、①被後見人の財産を信託することになるので、後見人が柔軟に被後見人のための支出ができなくなる可能性があります。また、②後見制度支援信託で信託財産にできる財産は金銭だけであるため、被後見人が不動産や株式などの財産をもっていた場合には後見制度支援信託を利用できません。さらに、③専門職に依頼した場合の専門職後見人に対する報酬額や、信託会社等に対して支払う手数料も高額になってしまう可能性があります。

　①の問題点については、家庭裁判所が財産の払戻しについての指示書を迅速に発行することで対処する必要があります。それぞれの事情にあわせた財産の支出をすることで、適切に被後見人を支援することが可能になります。

　②の問題点については、後見制度支援信託を利用するためには、被後見人の財産を金銭にしておくことが必要です。ただし、株式や社債など金銭以外の財産を金銭にしてしまうと、被後見人が不利益を受けてしまう可能性があります。そのため、被後見人の財産が不当に目減りしてしまうことがないよう、慎重に金銭への換価をすることが必要です。

　③の問題点については、報酬額などが高額になる可能性があるものの、そもそも後見制度支援信託の利点には費用軽減という点があります。信託会社等が受け取る報酬は信託財産の運用益から支払われます。信託財産の元本が取り崩されることはありません。ただし、信託会社等が必要とする手数料は、運用益がないときは元本から支払う必要があります。

15 信託と税金について知っておこう

受益者に移転した財産に課税されるしくみになっている

■ どんな税金がかかるのか

たとえば、孫Ｃさん（受益者）の将来に備えて、父Ａさん（委託者）の財産を、子Ｂさん（受託者）がＣさんのために管理などを行うという内容の信託契約を締結した場合を考えてみましょう。この場合、Ｃさんの養育に必要な費用が、Ａさんの預金から支出されれば、Ｃさんは預金という利益を受け取ります。また、Ａさんが死亡した後も、Ｃさんの将来のためにという信託の目的に従うと、Ａさんの遺産から、Ｃさんにかかる費用について、支出されることになります。

信託においては、通常、受益者に財産的利益が移転します。税金は、財産的利益の移転に応じて課されます。そこで、委託者と受益者が別人の信託契約（他益信託）の場合においては、受益者が得た財産的利益の性質に応じて、必要な課税が行われることになります。

以下では、どんな税金が課されるのかについて見ていきますが、前提として委託者と受益者が同一である信託契約の場合（自益信託）、財産的利益の移転がないため、課税されることはないことに注意が必要です。

■ 贈与税や相続税はかかるのか

贈与税は、ある人の財産が、その人の生前において、別の人に対して対価の支払いなどを要求することなく移転した場合に課される税金です。信託においては、前述の事例のように、委託者Ａさんの生前に、受託者Ｂさんが、受益者Ｃさんの養育費として、Ａさんの預金などの現金を使った場合には、受益者Ｃさんには財産的利益が移転します。

したがって、Cさんに移転した財産について、贈与と扱われることになりますので、贈与税の課税対象に含まれます。

また、Aさんの死亡後に、Aさんの遺産からCさんに掛かった費用が支出された場合には、Aさんの遺産をCさんが相続したと扱われるため、相続税が課されることになります。

■譲渡所得税や所得税がかかる場合

譲渡所得税とは、一般に土地や建物を他人に売却など（譲渡）した場合に、課せられる税金です。一方で、**所得税**とは、個人の所得に応じて課される税金をいいます。譲渡所得税は、不動産の譲渡の際に課税されるのみですが、所得税については所得が認められる限り、その対象年度ごとに課せられる税金であるという特徴があります。

信託において、譲渡所得税や所得税が課せられる場合があります。たとえば、前述の事例で、受託者Bさんが、委託者Aさんの預金ではなく、Aさんの土地を売却して得た金銭を、受益者Cさんの養育費に充てた場合、Cさんは不動産の売却により財産的利益を得たと評価できますので、譲渡所得税の課税対象に含まれます。

また、AさんとBさんとの間で、Aさん所有の賃貸用マンションを信託財産として、以後、Cさんのために管理をBさんにまかせるという内容の信託契約である場合には、Cさんはマンションの賃料収入を定期的に取得します。そのため、Cさんには所得税が課せられます。

■不動産を信託した場合にかかる税金

信託財産が土地や建物などの不動産である場合、不動産の名義人は受託者に移転するため、以下の税金が問題になります。

・固定資産税・不動産取得税

固定資産税は、不動産の名義人に対して課される税金です。信託の場合、受託者が名義人であるため、固定資産税の課税対象に含まれま

す。ただし、受託者は信託事務を処理する目的で、不動産の名義人になったにすぎず、実務上、固定資産税は信託財産から生じる収益から信託財産管理上の費用として支払うことになります。受託者は固定資産税の支払義務を負いますが、実質的には受益者が負担することとなります。同様に、受託者は名義上では不動産を取得しても、それは信託事務の処理のために過ぎませんので、不動産の取得者に対して課される不動産取得税が課されることはありません。

・登録免許税・印紙税

委託者から受託者への名義変更の登記手続きが必要になります。そのため、登記手続きに必要な**登録免許税**や、信託契約書に貼付が求められる**印紙税**が課されます。

優遇制度や特例は信託でも適用されるのか

信託に基づき課税が必要な場合にも、課税に応じたさまざまな優遇制度については、同様に適用されます。たとえば、前述の事例で、信託財産が建物とその敷地である場合、委託者Aさんが死亡した後、受益者Cさんが居住する自宅として建物とその敷地を取得した場合、相続税が課されますが、敷地の一定面積まで課税が軽減される、小規模宅地の特例などの適用を受けることが可能です。

● 信託と税金（他益信託）

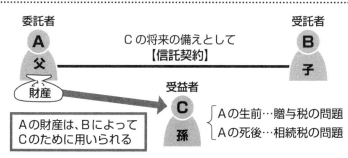

16 信託の変更について知っておこう

信託の内容を変えることができる

どんなことなのか

　信託の変更とは、信託契約の中で決められた条件を変更することをいいます。信託の変更を行うためには、原則として受益者・受託者・委託者の三者が合意することが必要です。たとえば信託の変更が受託者に与える影響を考えてみますと、処理するべき信託事務の量が著しく変わるような場合には、負担が大きくなりすぎる危険があるため、信託の変更の前に、合意を形成しておくことが重要になります。

　信託の目的に変更がない場合には、委託者が信託を行った目的が達成されるため、その他の事項の変更については、比較的緩やかに認められる可能性があります。そこで、以下のような場合には例外的に三者の合意がなくても信託の変更が可能です。

・信託の変更が信託の目的に反しないことが明らかな場合には、受託者と受益者の合意で信託の変更が可能

・信託の変更が信託の目的に反しないことが明らかであり、受益者の利益に適合することも明らかである場合には、受託者の書面による意思表示で信託の変更が可能

・受託者の利益に反しないことが明らかであるときは、委託者と受益者の受託者に対する意思表示により信託の変更が可能

・信託の変更が信託の目的に反せず、受託者の利益に反しないことも明らかであるときは、受益者の受託者に対する意思表示で信託の変更が可能

　ただし、信託契約において別の規定を置いた場合には、その規定に従って信託の変更を行います。「受益者が複数いる場合には、受益者

集会での多数決で信託の変更を行う」と定めることも可能です。

さらに、委託者あるいは受託者が、裁判所に対して、信託の変更を申し立てる場合もあります。この申立てが認められた場合にも、信託の変更が可能です。裁判所が信託の変更を認める場合としては、信託契約を結んだ時点では、想定していなかったような事態が起こり、当初定めていた信託目的や、財産管理の方法などでは、受益者の利益に合わなくなったような場合が挙げられます。

受託者の責任を制限する信託の変更について

受託者は、信託事務を処理する上で、さまざまな経済的な負担が必要になる場合があります。たとえば、信託財産の中に、賃貸用マンションなどが含まれている場合には、マンションを管理していく費用を負担しなければなりません。なぜなら、信託によって、マンション

● 信託の変更方法

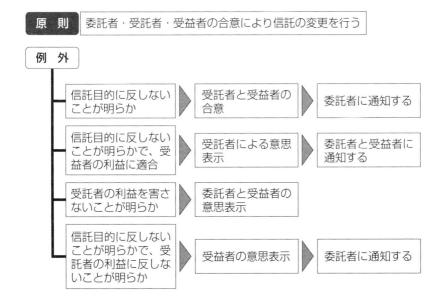

などの不動産名義は、受託者に移転しているため、所有者として必要な経費は、受託者自身の費用として負担しなければならないためです。また、賃貸借契約の貸主として、借主からマンションの住戸に故障した箇所などがあれば、補修に必要な費用についても、負担しなければならない場合もあります。実務上は、信託財産に関する費用として、信託財産から支出しますが、信託財産が不足している場合は、受託者は受託者固有の財産から支払わなければならなくなります。

　このように、受託者が負う負担が大きいことから、受託者になりたがらないケースも多いため、受託者が信託に関して担する責任を信託財産に限定することが可能です。これを**限定責任信託**といいます。

　限定責任信託について、事後的に信託の変更として、当初の限定責任信託に関する定めを廃止することができます。また、新たに限定責任信託に関する定めを新設することも可能だと考えられています。この場合には、すでに第三者との間で受託者が取引関係にある場合には、その第三者に対して、信託の変更により、事後的に責任が限定されたことを主張することはできません。

■信託会社が受託者の場合の変更について

　信託会社が受託者である場合に、重要な信託の変更を行うためには、原則として1か月以上の期間を設けて受益者に信託の変更に対する異議を述べる機会を与えることが必要です。異議を唱えた受益者が持っている受益権が、全受益権の2分の1を超える場合には、信託の変更は認められません。ただし、このルールは信託会社に一方的な規定が設けられて受益者が不利益を受けることを防ぐためのものですので、信託の目的に反せず受益者の利益になることが明らかな場合には、このような手続きを踏む必要はありません。

　また、受益者集会で過半数の賛成を得た場合にも、受益者が同意しているため、信託の変更が可能です。

17 信託の終了と清算手続きについて知っておこう

終了事由が決められている

■ どんな場合に終了するのか

　信託の終了事由が発生した場合には、信託は終了します。信託法には、以下のものが信託の終了事由として規定されています。

・信託の目的を達成したとき
・信託の目的が達成できなくなったとき
・受託者が受益権の全部を固有財産として保有している状態が1年以上続いた場合（受託者が受益者を兼ねている状態が1年以上続いている場合）
・受託者がおらず新しい受託者が就任していない状態が1年以上継続している場合
・信託財産が不足していることを理由に受託者が信託を終了させた場合
・信託の併合が行われた場合
・信託財産について破産手続開始決定があった場合
・委託者が破産手続開始決定を受け、管財人が双方未履行双務契約として信託契約を解除した場合
・信託行為によって決めた終了事由が発生した場合
・委託者と受益者が信託を終了させることを合意した場合
・遺言により受益者がいない信託が設定されたが、信託管理人がいない状態が1年以上継続した場合

■ 信託の目的に基づく終了について

　信託目的の達成による終了の例としては、たとえばある土地の売却処分が目的である信託契約において、実際にその土地の売却手続きが

105

終了した場合などが挙げられます。そして、信託目的が達成できないことによる終了の例としては、信託財産である自動車が台風など不可抗力によって破壊され、消滅してしまった場合などが挙げられます。両者は、まったく正反対の事実を表しているようにも見えますが、信託の終了という効果を導く点で、行きつく先は同一であることから、目的達成であるのか、あるいは、目的達成が困難であるのかを、厳格に区別することに意味があるわけではありません。

　むしろ、1つの信託契約において、複数の信託目的が設定されている場合に、どの目的が達成、あるいは達成が困難になったことによって、信託が終了するのかという難しい問題があります。

　一般的に、複数の信託目的が設定されている場合には、信託行為が設定された主要な目的が達成できたのか、あるいは達成できないことが確実になったのかという観点から、終了の有無が判断されると考えられています。

　具体的には、受益者が存在する信託においては、信託の根本的な目的は、受益者が財産的利益を受けることだといえます。したがって、ある事実の達成、あるいは、達成が困難になったことで、その後、受益者が財産的利益を受けることができなくなることによって、信託の終了の有無が判断されることになります。たとえば、信託財産として、受益者に給付されるべき金額すべてが給付を終え、信託財産が消滅した場合や、「障害を抱える子（受益者）が生きている間の生活費の支給」を目的に信託が行われ、その子（受益者）が死亡した場合など、受益者に一定の条件が付けられており、その条件が失われる場合などには、その原因になる事実の達成、あるいは達成できないことが困難な事実により、信託が終了すると扱われることになります。

■ 特別の事情により終了できる場合がある

　特別の事情により信託の終了を命じる裁判がなされた場合にも、信

託は終了します。

　信託を設定した時点で予想することができなかった特別の事情が発生し、信託を終了することが受益者の利益にかなうことが明らかな場合には、委託者・受託者・受益者は裁判所に対して信託を終了するよう申立てを行うことができます。

■信託の清算手続きとは

　信託の終了原因が発生した場合には、信託の併合（同一の受益者について存在する複数の信託財産を、新たにひとつの信託財産として統合すること）や信託財産の破産手続開始決定が行われた場合を除き、信託の清算手続を行う必要があります。清算手続が始まった後は、受託者は「清算受託者」と呼ばれます。清算受託者は、債権の取立てや受益債権に関する債務の弁済などの業務を行います。清算中の信託が債務超過に陥っており、債務の弁済を行うだけの信託財産が足りなければ、信託財産の破産手続が行われることになります。信託財産が十分にある場合には、清算手続のみが行われます。原則として、信託財産に対する債務を弁済できなければ、残余財産を分配することはできません。

■残余財産の処理について

　信託の残余財産は、以下の順位で分配します。
① 信託を設定する際に決められた残余財産受益者
② 委託者や委託者の相続人
③ 清算受託者

　清算受託者が職務を終了した場合には、信託事務に関する計算を行い、受益者の承認を得る必要があります。受益者が受託者から計算の承認を求められて1か月以上異議を述べなかった場合には、計算について承認したものとされます。

18 信託契約書の作成方法について知っておこう

必ず記載しなければならないポイントをおさえておく

■ 作成上の注意点

　本書で掲載している書式（次ページ）は、委託者の意思能力が失われた後に、委託者とその家族の生活を守るために締結する信託契約を想定した書式となっています。

　契約書の中では、最初に、信託財産の範囲を明確にしています（1条）。預金債権については口座番号を記載し、不動産については所在地の住所を記載します。また、信託期間についても記載します。本書式では、信託契約を締結した日を信託の開始日としています（4条）。信託監督人も選任します（5条）。信託監督人は、受託者が適切に信託事務を行っているかどうかを監督します。

　信託契約の受託者は、信託財産の管理を行います。そのため、受託者には適切に信託財産の管理を行う義務があることについても明記します（7条）。受託者は、信託事務を遂行したことに対して報酬を受け取ることもできます。本書式でも、受託者がいくらの信託報酬を受け取ることができるのかについて記載しています（12条）。

　信託契約は、原則として長期間にわたって存続する契約です。しかし、天災などやむを得ない事情により信託を続けることができないという事態が生じることも考えられます。そのため、経済事情が大きく変動したり、天災が起こった場合には、信託契約を終了することができることを記載します（13条）。最後に、信託契約について裁判を行う場合の管轄裁判所について定めます（18条）。なお、信託行為に関する契約書には、印紙税が課される課税文書（第12号文書）であり、契約書には200円分の収入印紙の貼付が必要です。

書式　信託契約書

| 収入印紙 200円 | 信託契約書 |

　委託者○○○○（以下甲という）と受託者××××（以下乙という）、は、下記契約書各条項のとおり、甲の所有財産を乙に委託することを目的とする信託契約を締結する。

第1条（信託財産）甲は、以下の各号の財産すべてを乙に信託する。
　① 　金銭　　○○○○万円
　② 　預金　　○○銀行○○支店○○○○名義　口座番号○○○○○○○○口座　全額
　③ 　土地（所在　東京都○○区○○町○○○　地目○○　地積○○㎡）
　④ 　建物（所在　東京都○○区○○町○○○　家屋番号○○○　種類○○　構造○○　床面積○○㎡）
2　乙は、甲が意思能力を喪失した後に、甲と甲の配偶者である丙を扶養するために前項各号の財産の維持、管理、処分を行う。
3　乙は、甲の死後、丙を扶養するために本条第1項各号の財産の維持、管理、処分を行う。
第2条（受益者）本信託契約の受益者は、以下の者である。
　① 　甲の意思能力喪失後は甲と丙
　② 　甲の死後は丙
2　前項記載の者は、自己が有する本信託契約における受益権を、譲渡又は担保に供することはできない。

第3条（受益者への給付方法）乙が信託財産の収益金から受益者に行う給付は、受益者の生活及び療養の必要に応じて定期的に信託財産の一部を金銭にて交付する。

2　前項の交付は、乙が受け取る信託報酬その他信託にかかる費用を差し引いた残余金より交付する。

3　本条第1項の交付の金額、時期、方法については、下記のとおりとする。

金額　毎月　○○○○○円

時期　毎月末日

方法　受益者が指定する銀行口座への振込

第4条（信託期間）本契約の目的たる信託の期間は、この契約を締結した日から丙が死亡した日の翌日から150日後までとする。

2　前項の期間は、甲と乙が協議を行うことで変更することができる。

第5条（信託監督人）甲は、信託監督人として以下の者を指定する。

住所　○○県○○市○○町○丁目○番○号

氏名　△△△△

第6条（信託財産の移転）委託者と受託者は、本信託契約締結と同時に、信託財産となる不動産について所有権移転登記を行う。

2　前項の登記手続に要する費用は委託者の負担とする。

第7条（信託財産の維持と管理運用）乙は、善良なる管理者の注意をもって信託財産の維持、管理及び処分を行うものとする。

2　乙は、第三者によって甲の信託財産につき権利侵害があった場合には、法的措置を含む適切な対応をとるものとする。

3　乙が行う信託財産の維持、管理運用及び処分は、甲が意思能力を喪失するまでは甲の指図によって行うものとする。

運用及び処分については、乙の裁量によって行う。

第8条（意思能力喪失の判定方法）甲の意思能力喪失の判定は、甲の担当医が発行する診断書により判定する。

第9条（信託財産の最終帰属の決定）乙は、信託期間終了日までに信託財産の最終帰属につき、他の相続人の遺留分を侵害しない限度において裁量にて決定するものとする。

第10条（訴訟代理人の選任）信託事務の処理に関して訴訟を行う場合には、受益者から申し出がない限り、受託者が訴訟代理人を選任する。

第11条（必要な費用）信託に必要な費用は、受益者の負担とする。

第12条（信託報酬）乙は、令和○年○月○日に、本契約の受託時の手数料として金○○○○○円を受領する。

2　乙は、信託財産の維持及び管理運用手数料として、毎年○月○日に金○○○○円を信託財産の収益金より受領する。

第13条（信託契約の解除）経済事情の変化や天災などやむを得ない事情により信託契約の目的を達成することが不可能になった場合には、受益者と乙は、協議の上で本信託契約を解除することができる。

第14条（信託契約終了時の処理）本信託契約が終了した場合には、乙は最終計算について受益者の承認を求める。

第15条（受託者の辞任）乙は、信託監督人の同意がある場合に限り、辞任することができる。

第16条（受託者の解任）甲と信託監督人は、以下の事由が生じた場合に限り、乙を解任することができる。

① 乙が本契約に定める義務に違反した場合

② 乙について破産手続又は民事再生手続が開始した場合

③ その他受託者として任務を遂行し難い重大な事由が乙に生じた場合

第17条（協議事項） 本信託契約に定めのない事項又は本信託契約の解釈について疑義が生じた事項については、受益者と乙が協議の上で決定する。

第18条（管轄裁判所） 本契約の規定につき、紛争が生じた場合には、○○地方裁判所を専属的合意管轄裁判所とすることをあらかじめ合意する。

本契約成立の証として本書２通を作成し、甲、乙が署名押印の上、各々１通を保有するものとする。

令和○○年○月○日

（甲）東京都○○区××○丁目○番○号

○○○○　㊞

（乙）東京都××区××○丁目○番○号

××××　㊞

19 信託登記について知っておこう

信託財産であることを第三者に主張することができる

信託登記がなぜ必要なのか

　信託契約により信託財産の範囲が決まったとしても、その財産が信託財産なのかどうかを、当事者以外の第三者が判断することは難しいといえます。信託財産であることが誰にでもわかる制度が存在しないと、第三者は安心して信託財産の取引ができなくなってしまいます。

　そのため、登記することができる財産は、信託財産であることを登記しなければ、第三者に対して信託財産であることを主張することができないことになっています。また、ある信託財産について、実際には権限を持たない受託者が、第三者に信託財産を売却するなどの契約を結んでしまった場合に、受益者などが契約の取消しを主張する際にも、信託財産の登記をしていなければ、取消しの主張ができません。

　なお、登記が不必要な場合もあります。たとえば、金銭や動産などは、そもそも登記することはできません。金銭や動産は、登記をしていなくても信託財産であることを第三者に主張することができます。

信託に関する登記関係書類作成の仕方

　信託に関する登記には、信託財産の権利の移転を表す「権利の移転の登記」と、財産が信託財産に該当することを表示する「信託の登記」があります。信託を行う際には、権利の移転登記と信託登記の2種類の手続を行う必要があります。

① 登記申請書

　登記申請書の「登記の目的」欄には、所有権の移転と信託の両方を記載します。また、信託契約を締結した者、信託契約当事者、代理人

113

がいる場合には代理人の氏名と住所も記載し、登録免許税額や不動産の所在地についても記載します。

添付書類としては、登記原因証明情報、登記識別情報、印鑑証明書、住所証明書、代理権限証書などが必要になります。信託の内容が異なれば、添付する書類も異なってきます。

② 登記記録

登記記録は、登記申請書に記載されたことが反映されます。具体的には、財産の所有権が移転することと、財産が信託財産に該当することが記録されます。

③ 登記原因証明情報

登記原因証明情報には、登記された事項について記載されます。具体的には、信託の目的、登記の原因、当事者、不動産の所在地、信託契約が締結された日などが記載されます。

④ 信託目録

信託の登記をする際には、信託の内容を明らかにするために、信託目録を作成することができます。信託目録には、委託者に関する事項、受託者に関する事項、受益者に関する事項を記載します。

● 不動産の所有権を信託する場合の登記手続きの流れ

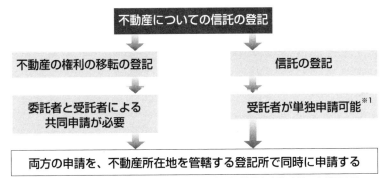

※1 受益者あるいは委託者は、受託者に代わって信託の登記を申請することができる。

第3章

成年後見制度のしくみ

1 法定後見制度について知っておこう

本人の保護の程度で利用する制度を選ぶことができる

■ 法定後見制度とは

　精神上の障害などの理由によって本人の判断能力を欠くかまたは不十分となったときに、親族などの申立てによって本人を支援するために利用される制度が法定後見制度です。法定後見制度で行われる申立てとは、本人を支援する成年後見人等の選任を家庭裁判所に対して求めることです。申立てを受けた家庭裁判所は、成年後見人等を選任します。

　家庭裁判所に選任された成年後見人等が本人を支援する内容は、法律が定める類型によって３つに分かれています。この３つの類型は、「後見」「保佐」「補助」です。「後見」「保佐」「補助」という類型は、本人の保護を図る上で、本人に残されている判断能力の状況に合わせて柔軟な対応がとれるように考えられた類型です。

　選任される成年後見人等もこの類型に従って、「成年後見人」「保佐人」「補助人」に分かれます。「成年後見人」「保佐人」「補助人」を総称して「成年後見人等」と呼びます。

　本人を支援するために、成年後見人等には、類型やそのケースごとにあわせた権限が与えられます。成年後見人等に与えられる権限には、「代理権」「取消権」「同意権」があります。

　代理権とは、売買契約や賃貸借契約などの法律行為を本人に代わって行うことができる権限です。**同意権**とは、本人が契約などの法律行為を行うときに、その行為について同意することができる権限です。**取消権**とは、本人が行った法律行為を、取り消すことのできる権限です。成年後見人等に与えられる権限は、利用する制度の類型によって

116

異なります。同じ類型でもどの種類の権限をどの範囲まで行使できるかは、本人の状況を考慮して考えることになります。

本人の財産管理と身上監護を行う

成年後見人等は、本人の財産管理と身上監護を行います。

財産管理とは、本人の財産を維持すること、管理することです。**身上監護**とは、本人が生活をする上で必要になる、おもに衣食住に関する事柄についての手配などを行うことで、実際に介護などを行うことは含まれません。

法定後見制度を利用する場合、本人の財産管理についての権限を誰が持っているかという点で、通常の場合とは異なる場面が出てきます。たとえば土地の売買契約などを本人と行ったところ、後から成年後見人等によって契約を取り消されるようなケースが考えられます。これでは、契約の相手方も安心して契約を行うことができません。

そこで、成年後見人等に与えられている権限の範囲について、契約する相手方にもわかるようにしておく必要があります。この点、かつての禁治産・準禁治産制度では、本人の状況について、戸籍に記載することで対応していました。契約の相手方は、戸籍の内容を確認することで、後から契約を取り消される危険を回避することができたわけです。しかし、戸籍にこうした情報が記載されることは、差別や人権侵害につながるとして、問題視されていました。

この問題を解決するため、法定後見制度では、戸籍に記載するという方法を改め、登記制度を採用しました。成年後見人等は、自分に権限があることを登記しておくことにより、相手にその権限の範囲を証明することができるわけです。この登記内容は、土地や建物などの登記とは違い、第三者が自由に確認できるものではありません。本人や本人の配偶者、成年後見人等など、一定の権限のある者でなければ、登記事項証明書の発行を申請することができません。

117

② 任意後見制度について知っておこう

本人の判断能力があるうちに支援内容を定めておく制度

■ 任意後見人の選任

任意後見制度を利用した場合に、本人を支援する人を**任意後見人**といいます。任意後見制度の場合には、任意後見契約という契約が基本となります。任意後見契約は、将来本人の判断能力が落ちたときに支援してもらう内容を、本人と任意後見人の候補者との間で、本人の判断能力があるうちに定めておく契約です。

このように、本人と任意後見契約を結んで、将来本人の任意後見人として支援することを約束した人を**任意後見受任者**といいます。

本人と任意後見受任者の間で任意後見契約が締結されたとしても、そのままの状態では、何の効力も生じません。任意後見監督人選任の審判によって**任意後見監督人**が選ばれてはじめて、任意後見契約の効力が発生します。

実際に任意後見契約の効力が発生した場合に、任意後見受任者が任意後見人となり、本人の支援を行うのが原則です。

しかし、任意後見監督人を選任する段階で任意後見受任者が任意後見人に適さないと判断された場合には、この選任自体が却下され、任意後見契約の効力は発生しません。

任意後見受任者が任意後見人に適さないと判断される場合とは、たとえば、任意後見受任者が未成年の場合や、破産者である場合、行方不明の場合などです。また、裁判所から法定代理人を解任されたことがある場合や、不正な行為を行ったり著しく不行跡な場合（成年後見人としての行いが著しく不適格である場合）なども任意後見人としてはふさわしくないと判断されます。

118

この他、本人に訴訟を起こしたことのある任意後見受任者や直系の血族の中に本人に訴訟を起こした者がいる任意後見受任者も、ふさわしくないと判断されます。

　また、任意後見人の仕事の内容に適さないと思われる場合、たとえば、著しい浪費癖があるような場合も同様です。

　このように、任意後見人として不適切な事柄がない場合には、本人が任意後見契約を結ぶ相手として信頼している成人であれば、誰でも任意後見人として選ぶことができます。個人でも法人でもかまいませんし、一人でも複数でも問題ありません。

　複数の任意後見人を選ぶ場合には、全員に同じ範囲の仕事をまかせることができます。個別に依頼する内容を分けても、全員が共同で仕事を行っても問題ありません。予備としての任意後見人を選んでおくこともできます。

　この場合、メインの任意後見人が任務を果たせない状態になった場合に、予備として選んでおいた人が任意後見人として任務を果たすように、あらかじめ契約で定めておくようにします。

● 任意後見契約の効力が生じるしくみ

| 任意後見契約締結 | --------------- 任意後見契約の効力＝未発生 |

↓（本人と任意後見受任者の間で締結）

| 本人の判断能力の低下 |

↓

| 任意後見監督人選任の申立て |

↓（任意後見受任者などによる申立て）

| 任意後見監督人の選任 | ------------- 任意後見契約の効力＝発生 |

Point
・任意後見契約を結んだだけでは効力は生じない
・本人の判断能力が低下しただけでは任意後見契約の効力は生じない
・任意後見監督人が選任されてはじめて任意後見契約の効力が生じる

3 任意後見と法定後見はどこが違うのか

権限や報酬・費用の点で違いがある

■ 後見人等の選任方法と後見開始の条件

　法定後見制度の場合、申立時に成年後見人等の候補者を推薦することはできますが、最終的に決定することはできません。成年後見人等を最終的に選ぶのは家庭裁判所です。

　他方、任意後見制度の場合、本人は任意後見人になってもらう人（任意後見受任者）を自由に探してきて契約（任意後見契約）を結ぶことができます。

　このように、自分が信頼する相手を自由に選ぶことができる点で、法定後見制度よりも任意後見制度の方が、本人の意向を反映しやすい制度だといえるでしょう。ただし、任意後見契約の効力が発生するのは、本人の判断能力が衰えて、実際に任意後見監督人を選任した段階です。任意後見監督人を選任する段階で任意後見受任者が任意後見人に適さないと判断された場合、この選任自体が却下されます。

　また、契約を結んだときには信頼していた相手でも、実際に判断能力が落ちてきた段階では、その任意後見人が本人に不利益を与える存在となっていることもあります。そのような状況で、本人がそのまま任意後見契約を実現したいと願ってそのとおりにしたとしても、本人の保護につながりません。実際に任意後見を開始する段階になったときに、任意後見受任者が自分に不利益を与えるかどうかの判断が、本人にはできなくなっている状況は十分にあり得るのです。

　任意後見制度では、こうした点を考慮して、任意後見開始時に任意後見人の適格性を確認し、任意後見監督人を選任することで、本人の意思の尊重と保護を図っています。

120

■ 報酬と費用について

　法定後見制度で成年後見人等に選任された場合、成年後見人等の報酬は、家庭裁判所の報酬付与の審判でとくに定められない限り、原則として無償です。成年後見人等は、報酬付与の申立てを行い、報酬を得ることができます。申立てを受けた家庭裁判所は、本人の財産の状況や成年後見人等の職務内容の難しさなどから報酬を支払うべきかどうかや報酬額を判断します。成年後見人等に報酬を支払うのが妥当であると判断した場合、家庭裁判所は報酬付与の審判を行います。

　報酬は後払いが原則で、成年後見人等がその職についてから約1年経過後に支払われることが多いようです。報酬額については、本人の財産から支払うことになるため、本人の財産の状況なども判断材料として妥当な金額を決定します。成年後見人等が職務を行う際に生じた費用などは、すみやかに本人に請求し、その財産から支払いを受けることができるようになっています。成年後見監督人等への報酬や費用の支払いも成年後見人等と同様に行われます。

　一方、任意後見制度の任意後見人の報酬額や支払方法を定めるのは、法定後見制度とは異なり、家庭裁判所ではありません。報酬額や支払方法は、あらかじめ本人と任意後見受任者との間で交わされた任意後

● 後見人等に支払う報酬

	報　　酬	報酬の額及び支払方法
成年後見人等・成年後見監督人等	原則：無償 例外：家庭裁判所の報酬付与の審判により本人の財産の中から支払われる	家庭裁判所の審判により定める
任意後見人	任意後見契約の定めに従う	任意後見契約により定める
任意後見監督人	本人の財産の中から支払われる	家庭裁判所の審判により定める

見契約で定められています。

　任意後見受任者が任意後見人となって職務を行った場合、任意後見契約で定められた方法に従って、本人の財産から報酬が支払われます。職務を行う際に生じた費用なども、本人の財産から支払われます。

　ただし、任意後見監督人については、家庭裁判所が審判によって報酬額を決定し、本人の財産の中から支払われます。その際、家庭裁判所は本人と任意後見人の財産の状況やその他の事情を考慮して報酬額を定めます。

■ それぞれの後見人の権限の違い

　任意後見制度における任意後見人と、法定後見制度における成年後見人・保佐人・補助人は、それぞれ与えられる権限が異なります。

　ここでは、任意後見人と成年後見人・保佐人・補助人の権限の種類と範囲について比べるとともに、どのような場合に、それらの制度を利用すべきかを考えてみましょう。

① 成年後見人と任意後見人について

　本人の財産管理に関する包括的な代理権が与えられているという点では、成年後見人はもっとも強力な権限を持っていますが、任意後見人が持つ権限も代理権です。

　代理権が及ぶ法律行為については本人と任意後見受任者との間で自由に決めることができるため、成年後見人が持つ権限と同等の範囲の代理権を任意後見人に与えることもできなくはありません。ただ、任意後見の場合には契約時に作成する代理権目録に、任意後見人が持つすべての権限を書かなければなりません。

　なお、法定後見制度は、実際に本人の判断能力が落ちていなければ利用することができません。

　したがって、包括的な代理権を後見人に与えたい場合で本人の判断能力に問題がない場合には任意後見契約を結び、本人の判断能力が不

122

十分な場合には、法定後見制度の利用を考えるのが妥当です。

② 保佐人と任意後見人について

　保佐人には同意権・取消権が認められており、その権限は民法が定めている重要な行為に及ぶのが原則とされています。さらに、同意権・取消権が及ぶ範囲を広げることもできますし、別に代理権を与えることもできます。一方、任意後見人に認められるのは代理権のみで、同意権や取消権は認められません。代理権だけでなく同意権や取消権も与えたい場合には保佐制度の利用を考えるとよいでしょう。

　ただ、成年後見人の場合と同様に、本人の判断能力が不十分でなければ保佐制度を利用することはできません。

③ 補助人と任意後見人について

　補助人は法定後見の中では本人の意思がもっとも尊重されるしくみになっています。

　補助開始の審判だけでは補助人には何の権限も与えられませんから、別途補助人にどんな権限を与えるかを選んで、家庭裁判所に申し立てることになります。補助人に与えることのできる権限は、代理権、同意権・取消権のどちらか一方でも両方でも可能です。より広い範囲の権限を補助人に与えるという点から考えると、補助の方が任意後見よりも利用しやすいといえます。

　本人の判断能力が十分なうちは、他の類型と同様、補助の利用はできませんので、任意後見契約を結んでおくことになるでしょう。

　ただ、補助は他の類型より本人の判断能力についての判断はかなり緩やかで、鑑定も必要とされません。場合によっては、補助を利用する方が柔軟な運用ができるでしょう。

　結局、事前に後見人等にまかせる内容を定めておきたい場合には、任意後見制度を選び、実際に判断能力が不十分になりつつある場合には、本人の心身の状況と後見人等にどんな権限をどの程度与えたいのかによって判断することになります。

123

■ 任意後見と法定後見の関係

　任意後見と法定後見は判断能力を欠くか判断能力が不十分な人を支援する制度ですが、両方の制度を同時に利用することはできません。

　また、法定後見の3つの類型も併用することはできません。たとえば、同じ人を支援するために成年後見人と保佐人を同時につけることはできないのです。

　任意後見と法定後見の制度を同時に利用することはできないので、任意後見契約を結んでいる人について、後見（保佐・補助）開始の審判の申立てが行われても、原則として家庭裁判所は申立てを却下します。また、後見（保佐・補助）開始の審判をすでに受けている人について、任意後見監督人選任の審判が申し立てられた場合、家庭裁判所は原則として任意後見監督人の選任を行い、後見（保佐・補助）開始の審判を取り消します。

　このように、本人の意思を尊重する理念から、任意後見制度が法定後見制度よりも優先されます。ただし、任意後見制度を優先させるよりも、法定後見制度を利用した方が本人のためになると判断できるような事情があった場合には、この限りではありません。

　たとえば、本人を支援するには代理権だけでは不十分な場合です。任意後見契約では任意後見人には代理権しか与えることができません。一方、成年後見人等には、代理権の他に同意権や取消権を与えることができます。このような場合には、法定後見制度を利用する方が本人の利益のためになるといえます。というのも、任意後見制度は、契約の締結時点で、あらかじめ任意後見人の職務内容を、契約内容として決めておかなければなりません。そのため、本人に必要な支援が、あらかじめ定めておいた任意後見人の職務内容の範囲を超える場合には、任意後見制度から法定後見制度への移行が必要になります。

　任意後見契約で任意後見人に与えられた代理権の範囲があまりに狭いような場合も同様です。狭くても本人の保護に支障がない場合には

問題がないのですが、本人の支援を十分に行うことができない場合もあります。

　このような場合には、法定後見制度を利用して成年後見人等の代理権が及ぶ範囲を広げ、必要な法律行為についての支援ができるようにすることもあります。

　本人のためにとくに必要であると判断された場合には、任意後見契約がすでに締結されていたとしても、後見（保佐・補助）開始の審判を申し立てることができます。申立ては、任意後見監督人が選任される前でも後でもかまいません。申立てをすることができる人は、本人や本人の配偶者・四親等内の親族、検察官の他に、任意後見人や任意後見受任者、任意後見監督人も含まれます。

● 本人の判断能力が変化した場合

判断能力の変化	対応
後見を開始している本人の判断能力が保佐利用に適した程度まで回復	後見開始の審判の取消しの申立後、保佐開始の申立てを行う
後見を開始している本人の判断能力が補助利用に適した程度まで回復	後見開始の審判の取消しの申立後、補助開始の申立てと代理権付与・同意権付与の審判申立てを行う
保佐を開始している本人の判断能力が補助利用に適した程度まで回復	保佐開始の審判の取消しの申立後、補助開始の申立てと代理権付与・同意権付与の審判申立てを行う
保佐を開始している本人の判断能力が後見利用に適した程度まで進行	後見開始の審判の申立後、家庭裁判所の職権により保佐開始の審判の取消しがなされる
補助を開始している本人の判断能力が保佐利用に適した程度まで進行	保佐開始の審判の申立後、家庭裁判所の職権により補助開始の審判の取消しがなされる
補助を開始している本人の判断能力が後見利用に適した程度まで進行	後見開始の審判の申立後、家庭裁判所の職権により補助開始の審判の取消しがなされる

125

4 後見について知っておこう

日常生活に関する行為を除いた法律行為を代理することができる

■ 後見について

　後見の対象となるのは、精神上の障害によりほとんど判断能力のない人です。つまり、自分の財産を管理したり、処分することがまったくできない状態にある人です。

　たとえば、判断能力がないために自分だけで物事を決めることが難しい状態、家族の名前や自分が今いる場所などがわからなくなっている状態が常に続いているような場合です。こうした状態にある人を支援する制度が後見で、支援する人を**成年後見人**といいます。

　成年後見人は、日常生活に関する行為を除いたすべての法律行為を代理して行います。たとえば、遺産相続の場面で、他に共同相続人がいる場合、遺産分割協議が行われます。この遺産分割協議を本人に代わって成年後見人が行います。この他、預金・貯金の管理や生活費として使うために行う財産処分、介護サービスを受ける際に締結する契約なども、成年後見人が本人の代理となって行うことができます。

　また、成年後見人は、本人が行った法律行為を、必要に応じて取り消すことができます。たとえば、本人が自分に不利益な契約をそうとはわからずに締結した場合、成年後見人がその契約を取り消すことができます。具体的には、本人の所有の土地を市価よりかなり低い金額で売却したような場合に、成年後見人がこの売買契約を取り消し、土地を取り戻すことができるのです。

　ただ、日常生活に関する行為については、本人の判断が尊重されます。日用品をスーパーで購入するような場合には、これもたしかに契約ではありますが、成年後見人が取り消すことはできません。

■ 含まれない仕事

　成年後見人に与えられている権限は、日常生活に関する行為を除く行為についての取消権や財産に関する法律行為についての代理権です。

　つまり、成年後見人が、成年被後見人の生活を維持するために何らかのサービスの提供を受ける必要があると判断した場合に、どのようなサービスの提供を受けるかを選んで、サービスの提供を受ける契約を締結することが、成年後見人の仕事となります。

　成年被後見人の生活や健康管理のために、何らかの労務（サービス）を直接提供するといった事実行為は、成年後見人の仕事ではありません。つまり、料理・入浴の介助などの介護行為そのものは、成年後見人の仕事には含まれません。この点は混同しやすい部分ですので、十分注意しましょう。

　なお、成年後見人は、本人の病院入院時や施設入所時の、保証人になることもできません。成年後見人は、あくまでも本人と同一の立場の者であり、自分で自分を保証することは不可能だからです。また、結婚や養子縁組等の身分行為や遺言の作成など、本人にしかできない法律行為についても、成年後見人が代わりに行うことはできません。

● 成年後見人等の仕事に含まれないもの

法律行為や事実行為	例
実際に行う介護行為などの事実行為	料理・入浴の介助・部屋の掃除
本人しかできない法律行為	婚姻・離縁・養子縁組・遺言作成
日常生活で行う法律行為	スーパーや商店などで食材や日用品を購入
その他の行為	本人の入院時に保証人になること 本人の債務についての保証 本人が手術を受ける際の同意

5 保佐について知っておこう

判断能力が著しく不十分な人を支援する

■ 保佐について

　保佐制度で本人を支援する人を**保佐人**といいます。保佐人の支援を受ける本人のことを**被保佐人**といいます。保佐の対象となる人は、精神上の障害によって判断能力が著しく不十分な人です。具体的には、日常生活で行う買物などは自分の判断で行えるが、重要な財産行為については、適切な判断を自分で下すことが難しいという人です。**重要な財産行為**とは、たとえば、家や土地、車などの高額な物の売買や、お金の貸し借り、保証人になるといった行為です。このような場合に、常に誰かの手助けを得る必要がある人を対象としています。

　保佐人の同意や家庭裁判所の許可を得ずに本人が重要な行為を行った場合には、保佐人はその行為を取り消すことができます。ただし、本人の不利益とならない契約を本人が行おうとしている場合に保佐人が同意しない場合、本人は家庭裁判所の許可を得ることで、保佐人の同意を得ないで取引を行うことができます。

　同意権は、通常は「重要な行為」について与えられていますが、申立時に重要な行為以外の行為も含めて申し立てることができます。申立内容に含めた重要行為以外の行為が家庭裁判所に認められた場合、保佐人はその行為についての同意権を持つことができます。

　保佐人は成年後見人とは異なり、通常は代理権を持っていません。ただ、家庭裁判所への申立時に、保佐人に代理権を認める法律行為をあらかじめ選んで申請し、その申請が認められた場合には、その特定の法律行為についての代理権を持つことができます。

　保佐人が持つ同意権と取消権の範囲については、法律で別途定めら

れています。また、保佐人が代理権を持つ場合の代理権の範囲については、法律では定められておらず、本人が選ぶことになっています。

保佐人が行う重要な行為とは

　保佐開始の申立てを行った際に保佐人に付与される同意権や取消権の対象は、重要な行為です。この重要な行為を基準として、それ以外の行為に対しても同意権や取消権が及ぶようにするには別途申立てが必要です。この重要な行為は、民法で定められていますが、具体的には次のような行為です。

　なお、補助を利用する際に、補助人に同意権・取消権を与える場合にも、下図の重要な行為のうちから必要に応じて選んだ内容について申立てを行い、最終的な審判を受けることになります。

● 重要な行為

重要な行為

①不動産やその他の重要な財産の売買・担保の設定（重要な財産とは、たとえば、自動車や貴金属などの目に見える物の他、株式や著作権、特許権・商標権などの実体は目に見えないが、重要な価値を持つ権利など）

②借金をしたり、他人の保証をすること

③元本の領収や利用行為（不動産や金銭の貸付行為、預貯金の出し入れ、弁済金の受領、貸している不動産の返還を受けることなど）

④訴訟を行うこと

⑤贈与・和解・仲裁契約を結ぶこと

⑥相続の承認や放棄を行ったり遺産分割を行うこと

⑦贈与や遺言により与えられる財産（遺贈）の受け取りを拒絶すること、負担つきの贈与や遺贈を受けること

⑧建物について、新築・改築・増築することや大修繕を行うこと

⑨民法で定める期間（山林は10年、その他の土地は5年、建物は3年、土地建物以外の動産は6か月）をこえて賃貸借をすること

129

6 補助について知っておこう

後見や保佐より軽度な人を想定した制度

■ 補助について

　補助制度を通して本人を支援する人を**補助人**といいます。補助人の支援を受ける本人のことを**被補助人**といいます。

　補助制度の対象となる人は、精神上の障害によって判断能力が不十分な人です。判断能力の不十分さの程度は、後見や保佐より軽度な人を想定しています。自分で契約などは締結できるものの、判断能力が不十分であるために、適切な判断が下せるかどうかという点については心配であるような場合で、誰かに手助けしてもらったり代理で行ってもらった方がよい状態にある人を対象としています。補助は、本人の意思を尊重しながら、軽度の障害をもつ人の支援を可能にした制度といえます。

　また、補助は、後見・保佐とは異なり、補助開始の審判では補助人となる人が選任されるだけです。つまり、選ばれた補助人にどのような権限を与え、どのような支援を行うかについては、別途「同意権付与の審判」「代理権付与の審判」という別の手続きを経て補助内容を定める必要があります。この審判は、本人の意思によって行われなければならないことになっています。

　補助人に同意権を与える場合には「同意権付与の審判」、代理権を与える場合には、「代理権付与の審判」の手続きを、両方の権限を与える場合には両審判の手続きを経る必要があります。審判で認められた選択内容が、補助人が行うことのできる権限となるのです。

　補助人は、本人が審判の申立時に選んだ特定の法律行為についてのみ、同意権・取消権・代理権のうち本人が許可した権限を持つことが

130

できます。「代理権付与の審判」の手続きしか経ていない場合、補助人に同意権はありませんから、取消権もありません。

取消権は、同意権が付与された場合のみ、補助人に認められる権限となります。具体的には、補助人の同意や家庭裁判所の許可が必要な行為を、同意も許可もない状態で本人が行った場合に、はじめて補助人が取消権を利用することができます。

日常生活に関する行為については、たとえ同意権を与えられている補助人であっても取り消すことはできません。

また、補助人に代理権が与えられている法律行為であっても、本人が望む場合には本人が法律行為を行うことができます。ただし、その法律行為を行う場合に補助人の同意も必要な場合には、補助人の同意を得る必要があります。

なお、本人に不利益が生じない法律行為について補助人が同意しない場合、家庭裁判所の許可があれば、補助人の同意を得ずに本人がその法律行為を行うことができます。補助を開始した後になってから、申立てによってその同意権や代理権の範囲を広げることも狭めることも、すべてを取り消すこともできます。

● 補助開始の申立てについて

本人の判断能力が不十分な場合
補助開始の申立てを受けた裁判所による調査開始（本人の保護）

本人が補助開始について同意しない場合
補助の開始はしない（自己決定の尊重）

本人が任意後見契約を結んでいた場合
補助開始の申立ては受理されない（自己決定の尊重）

本人の判断能力が十分な場合
補助は開始しない
（身体機能が低下しても判断能力が低下しなければ法定後見の利用は不可）

7 成年後見人等にはどんな人がなれるのか

特別な資格は必要ない

■ 成年後見人等を選任する

　成年後見人・保佐人・補助人（成年後見人等）は、法定後見を必要とする人を支援する重要な役割を担っています。成年後見人等は、後見開始・保佐開始・補助開始の審判の手続きを受けて、家庭裁判所によって選任されます。以前は、配偶者がいる場合には原則として配偶者が成年後見人等に選ばれていました。現在では、裁判所が選任するため、必ずしも配偶者が成年後見人等に選ばれるわけではありません。

　家庭裁判所は、調査官が中心となって調査を行い、本人の意見も聴いた上で、成年後見人等として適切な人を選びます。

　家庭裁判所が選任する際には、本人の心身や生活、財産の状況も考慮します。成年後見人等の候補者がどんな仕事をしているか、本人との利害関係がどうなっているか、という点にも注意します。その他のさまざまな事情を考慮した上で、最終的に成年後見人等が選ばれます。

　成年後見人等になるには、とくに資格などは必要ありませんが、なることのできない人もいます。成年後見人等になれない人とは、たとえば、以前に成年後見人等を解任されたことがある人や、未成年者、破産者などです。

　成年後見人等の候補者や法定後見の内容について親族間での意思の統一が図られているような場合には、候補者を立てた上で候補者についての必要書類も準備して申立てを行った方が、法定後見の開始時期が早まる可能性があります。

　しかし、親族間で意見がまとまっていない場合や適切な候補者が見当たらない場合には、候補者を立てずに申立てを行うこともできます。

132

候補者を立てずに法定後見の申立てを行った場合、家庭裁判所が申立人から事情を聴いたり本人の意向を聴いて、さまざまな事情を考慮した上で、成年後見人等に適した人を選任します。

■成年後見人等の人数

成年後見人等の仕事の範囲が広すぎて、一人で行うには不適当な場合もあります。たとえば、本人所有の不動産などの財産が、離れた場所にいくつかあるような場合です。また、本人が入所している福祉施設が自宅から遠いような場合、福祉施設で必要になる生活費用や施設への支払いといった財産管理と、自宅の財産管理を一人で行うには負担が大きい場合なども考えられます。このような場合には、各地の財産管理を、複数の成年後見人等に分担して、まかせることもできます。

財産管理は1か所ですむ場合でも、成年後見人等が行う仕事内容が、財産管理だけでなく、身上監護や法律問題の対応など、いくつかの専門性のある内容に分かれているような場合もあります。

このような場合には、複数の専門家がそれぞれの専門分野を担当する成年後見人等に選任される場合もあります。このように、法定後見制度では、一人の人を支援するための成年後見人等が、複数の人で構成されることもあります。

● 成年後見人等を選ぶ際の判断材料の例

- 心身・生活・財産上の本人の状況
- 本人の意見
- 成年後見人等の候補者の経歴・職業・法人の場合の事業の内容
- 成年後見人等が法人の場合には、その法人の代表者と本人との利害関係
- 成年後見人等の候補者が、未成年者や行方不明者・破産者ではないこと
- 成年後見人等の候補者やその親族等が本人に対して訴訟を起こしていたり起こしたことが過去にないこと

8 後見人等の義務・仕事について知っておこう

本人の意思を尊重しつつ、本人の身上を配慮する義務がある

■ 成年後見人等に課せられている義務

　成年後見人等は、本人の法律行為に関する強力な権限を持つと同時に、本人に対する意思尊重義務と身上配慮義務を負います。

　意思尊重義務とは本人の意思を尊重することで、**身上配慮義務**とは本人の状態や状況を身体、精神、生活の面において配慮することです。成年後見人等は、本人に対する義務以外にも、家庭裁判所によって自身の仕事の状況を家庭裁判所に報告することを義務付けられることがあります。また、家庭裁判所だけでなく成年後見監督人等による監督も受けます。

　なお、本人が住んでいる土地建物の処分などを行う場合には、家庭裁判所の許可が必要です。処分とは、具体的には、成年被後見人等の自宅を売却したり、抵当権を設定したり、他人に貸すことです。また、すでに他人に賃貸している土地建物について、その賃貸借契約を解除する場合も、家庭裁判所の許可が必要です。

■ 成年後見人等に就任するとどんなことをするのか

　各種の後見開始の審判が確定すると、後見の種類・後見人の氏名・住所・被後見人の氏名・本籍件所などが登記されます。後見人としての職務の処理にあたり、後見人であることの確認を受けることがあるため、必要書類を法務局に提出した上で、登記事項証明書を取得しておきます。続いて、本人の財産を特定します。不動産、預貯金、有価証券などは、名義を確認することで本人の財産であるか否かを特定することができます。ただ、性質上名義を確認できないものや、本人が

他の人と同居している場合には、その区別に注意を要します。たとえ
ば、現金については、本人の保管する財布や金庫の中のものであれば
本人の財産だと判断してよいでしょう。また、骨董品など価値のある
動産についても、本人のものと判断できるのであれば管理する財産に
含まれることになります。マイナスの財産（ローンなど）についても
把握する必要がありますので、通帳の引き落とし履歴や金融機関から
の郵送物などを確認するようにします。

　一通りの財産を特定後、家庭裁判所から送付された財産目録（初回
報告、137ページ）の該当する箇所に記載し、その裏づけとなる資料
（通帳のコピーや不動産の権利証など）を保管します。

　次に、関係機関（金融機関や市区町村など）へ後見人の届出をしま
す。提出する届出の様式や添付する書類等は、各関係機関によって異
なりますから、電話などで担当者に確認するとよいでしょう。成年後
見登記事項証明書、後見人の印鑑証明書、後見人の身分証明書、後見
人の実印等はよく使用するため、必ず準備しておきましょう。

　最後に、本人の生活状況と経済状況を把握し、今後の方針を検討し
つつ、年間収支予定表（初回報告、139ページ）を作成します。これ
らすべてが終了した後に、家庭裁判所に必要書類を提出し、最初の報

● 成年後見人等の行う報告

成年後見人等に就任

↓

本人の財産の特定、財産目録の作成

↓

家庭裁判所へ報告（初回）（※財産目録と年間収支予定表を提出）

↓

後見事務の遂行（財産の管理と身上監護）

↓

家庭裁判所への定期報告

告を行うことになります。

なお、家庭裁判所に対する最初の報告は定められた期限を守って、必要書類を提出しなければなりません。しかし、定められた期限にこれらの書類を提出することが難しい事情がある場合には、連絡票（140ページ）に提出が間に合わない理由・提出が可能になる見込み時期を記載して、家庭裁判所に送付する必要があります。

■ 就任中の仕事と定期的な報告

成年後見人等は初回の報告後も、毎年一定の時期に裁判所に対して、後見事務に関する報告をしなければなりません（定期報告）。後見人等は必要書類を備えて、裁判所に対して持参または郵送により定期報告を行います。

定期報告では、後見事務等報告書（定期報告、141ページ）を提出しなければなりません。後見事務等報告書は、質問事項に解答する形式をとられていることが多く、本人の身上に関する事項（健康状態等の変動の有無など）や財産状態の変更の有無等について、報告を行います。

また、初回の報告と同様に定期報告においても財産目録（定期報告、144ページ）の提出が求められます。とくに定期報告においては、財産の内容に変化があったことを報告する目的がありますので、財産の内容に変化があった項目についてはもちろん、変化がなかった財産も含めて、本人の現在の財産状態をすべて記載する必要があります。財産として重要な預貯金や現金の記載は必須項目といえ、その預貯金や現金を管理している人を明確にしなければなりません。

さらに、定期報告では、後見人等が行った後見事務等の足跡を示すことに意義があり、必要に応じて収支状況報告書の提出が求められることもあります。後見人等は、後見事務に必要な収支に関しては、すべて必要書類を保管しておき、提出が求められた場合に備えておく必要があります。

136

書式　財産目録（初回報告）

開始事件 事件番号　令和 ◯ 年（家）第 ◯◯◯◯ 号　【本人氏名：　山田 太郎　】

財産目録　（令和 ◯ 年 6 月 30 日現在）

令和 ◯ 年 7 月 11 日　　作成者氏名　山田 一郎　㊞

1　預貯金・現金

本人の財産の内容は以下のとおりです。

金融機関の名称	支店名	口座種別	口座番号	残高（円）	管理者
◯×銀行	△△支店	普通	1234567	2,536,874	後見人
□△信用金庫	××支店	定期	1358246	1,500,000	後見人
現　金				64,850	後見人
合　計				4,101,724	
前回との差額					（増・減）

（2から7までの各項目についての記載方法）
・必ずどちらか一方の□をチェック（レ点）するか、又は塗りつぶしてください。
・初回報告の際には、すべて右の□をチェックし、別紙も作成してください。
・定期報告の際には、財産の内容（別紙に記載がある事項）に少しでも変化があった場合に、右の□をチェックした上、前回までに報告したものも含め、改めて該当する項目の現在の財産内容すべてを別紙にお書きください。

2　株式，投資信託，公債，社債
　　□ 前回報告から変わりありません　　☑ 前回報告から変わりました（別紙のとおり）

3　不動産（土地）
　　□ 前回報告から変わりありません　　☑ 前回報告から変わりました（別紙のとおり）

4　不動産（建物）
　　□ 前回報告から変わりありません　　☑ 前回報告から変わりました（別紙のとおり）

5　保険契約（本人が契約者又は受取人になっているもの）
　　□ 前回報告から変わりありません　　☑ 前回報告から変わりました（別紙のとおり）

6　その他の資産（貸金債権，手形，小切手など）
　　□ 前回報告から変わりありません　　☑ 前回報告から変わりました（別紙のとおり）

7　負債
　　□ 前回報告から変わりありません　　☑ 前回報告から変わりました（別紙のとおり）

第3章　成年後見制度のしくみ

（別紙）

2 株式，投資信託，公債，社債

種　類	銘柄等	数量（口数，株数，額面等）	評価額（円）
株式	(株)◇◇◇	500	1,000,000
合　計			

3 不動産（土地）

所　在	地　番	地　目	地積（㎡）
東京都台東区○○町○丁目	○番○号	宅地	132.22

4 不動産（建物）

所　在	家屋番号	種　類	床面積（㎡）
東京都台東区○○町○丁目○番地	○番の○	居宅	63.58

5 保険契約（本人が契約者又は受取人になっているもの）

保険会社の名称	保険の種類	証書番号	保険金額（受取額）（円）	受取人
××生命(株)	終身	S963852	1,000,000	山田一郎

6 その他の資産（貸金債権，手形，小切手など）

種　類	債務者，振出人等	数量（債権額，額面等）
なし		

7 負債

債権者名（支払先）	負債の内容	残額（円）	返済月額（円）
◎◎銀行▽▽支店	住宅ローン	300,000	月々6万円ずつ
合　計		300,000	

書式　年間収支予定表（初回報告）

(選任時－初回報告用)

令和 ○ 年(家)第 ○○○○ 号

被後見人等の年間収支予定表
(　年　額　で　書　い　て　く　だ　さ　い　。　)

1　被後見人等の収入　（年金額決定書，確定申告書等を見ながら書いてください。）

種　別	名称・支給者等	金　額（円）	入金先通帳・頻度等
年　金	厚生年金 国民年金	1,203,600 360,000	○×銀行△△支店　2か月に1回 〃
配当金（目録2の株券）	(株)◇◇◇	200,000	○×銀行△△支店　6月と12月
合　計		1,763,600	

2　被後見人等の支出　（納税通知書，領収書等を見ながら書いてください。）

品　目	支　払　先　等	金　額（円）	月額・使用通帳等
生活費 （食費・水道光熱費等）		360,000	月30,000円
療養費			
住居費 （住宅ローン）	◎◎銀行▽▽支店	300,000	令和○年11月に終了予定
税　金	固定資産税	350,000	年4回支払い　○×銀行△△支店
保険料	国民健康保険　介護保険 生命保険	350,000 78,000	○×銀行△△支店 〃
その他	タクシー料金 （△◇駅～本人自宅間）	72,000	1往復3,000円　月2回
合　計		1,510,000	

※収支が赤字となる場合は，この枠内に対処方針を記載してください。

書式　連絡票

基本事件　　令和 ○ 年(家)第 ○○○○ 号
☐　東京家庭裁判所　後見センター　御中
☐　東京家庭裁判所　立川支部後見係　御中

連　絡　票

令和 ○ 年 7 月 1 日
(本人　　　山田　太郎　　　)
後見人等　　　山田　一郎　　　㊞
住所　東京都板橋区○○町○丁目○番○号
電話番号（　××-××××-××××　）

下記のとおり連絡いたします。

記

1　本人の自宅は、公共交通機関が整備されていない地域にあります。自宅から最寄り駅までは、歩いて1時間程もかかり、近くにはバス停もありません。

2　これまで、本人の自宅を訪問する際は、最寄り駅からタクシーを利用していました。一回のタクシーの往復料金は、平均3000円です。

3　そこで、今後はこのタクシー料金を本人の負担とし、本人預金から引き出したいと考えていますが、いかがでしょうか。なお、本人自宅への訪問は月に2回行う予定です。

140

書式　後見等事務報告書（定期報告）

開始事件 事件番号　令和〇年（家）第〇〇〇〇号　【 本人氏名： 山田　太郎 】

後見等事務報告書

（報告期間：令和〇年 7 月 1 日〜令和〇年 6 月 30 日）

令和　〇　年　7　月　11　日
住　所　東京都板橋区〇〇町〇丁目〇番〇号
☑ 成年後見人
□ 保佐人
□ 補助人　　山田　一郎　　㊞
電話番号　　××-××××-××××

1　本人の生活状況について　（全員回答）

(1)　前回報告以降，本人の住居所に変化はありましたか。
　　□ 変わらない　　☑ 以下のとおり変わった
　　（「以下のとおり変わった」と答えた場合）変わったことが確認できる資料（住民票，入院や施設入所に関する資料など）を本報告書とともに提出してください。
　　【住民票上の住所】

　　【実際に住んでいる場所】（入院先，入所施設などを含みます）
　　　東京都台東区△△町△丁目△番△号　〇〇病院

(2)　前回報告以降，本人の健康状態や生活状況に変化はありましたか。
　　□ 変わらない　　☑ 以下のとおり変わった
　　令和〇年4月25日に自宅で転倒し、右大腿骨を骨折。
　　同年5月に手術をし、現在〇〇病院でリハビリ中である。
　　今後は、歩行機能の回復状況をみながら、在宅復帰をめざす予定である。

2　本人の財産状況について
　　　　　　　（後見人，財産管理に関する代理権が付与されている保佐人・補助人のみ回答）

(1)　前回報告以降，定期的な収入（年金，賃料など）に変化はありましたか。
　　□ 変わらない　　☑ 変わった（増えた，減った）
　　（「変わった」と答えた場合）変わった理由は何で，変わった後の金額はいくらですか。以下にお書きください。また，これらが確認できる資料を本報告書とともに提出してください。
　　令和〇年8月より、年金額が改定された。
　　（厚生年金が年額120万円から年額114万円に減少（年金額改定通知書）

― 1 ―

(2)　前回報告以降，１回につき１０万円を超える臨時の収入（保険金，不動産売却，株式売却など）がありましたか。

☑ ない　　□ ある

（「ある」と答えた場合）その内容と金額はどのようなものですか。以下にお書きください。また，これらが確認できる資料を本報告書とともに提出してください。

(3)　前回報告以降，本人が得た金銭は，全額，今回コピーを提出した通帳に入金されていますか。

☑ はい　　□ いいえ

（「いいえ」と答えた場合）入金されていないお金はいくらで，現在どのように管理していますか。また，入金されていないのはなぜですか。以下にお書きください。

(4)　前回報告以降，定期的な支出（生活費，入院費，住居費，施設費など）に変化はありましたか。

□ 変わらない　　☑ 変わった（増えた，減った）

（「変わった」と答えた場合）変わった理由は何で，変わった後の金額はいくらですか。以下にお書きください。また，これらが確認できる資料を本報告書とともに提出してください。

令和〇年11月に住宅ローンの支払いが終了した（通知書）。

令和〇年５月より〇〇病院に入院した

（月６万円支出退院時期は未定（領収書））。

(5)　前回報告以降，１回につき１０万円を超える臨時の支出（医療費，修繕費，自動車購入，冠婚葬祭など）がありましたか。

□ ない　　☑ ある

（「ある」と答えた場合）その内容と金額はどのようなものですか。以下にお書きください。また，これらが確認できる資料を本報告書とともに提出してください。

令和〇年５月　骨接合手術費　７万円

(6)　前回報告以降，本人の財産から，本人以外の人（本人の配偶者，親族，後見人自身を含みます）の利益となるような支出をしたことがありますか。

☑ ない　　□ ある

（「ある」と答えた場合）誰のために，いくらを，どのような目的で支出しましたか。以下にお書きください。また，これらが確認できる資料を本報告書とともに提出してください。

| 3 | 同意権・取消権について | （保佐人，補助人のみ回答）

(1) 同意権を行使しましたか（今後，行使する予定がありますか）。
　　□　行使していない（予定していない）　　　□　行使した（予定がある）
　　（「行使した（予定がある）」と答えた場合）その時期と内容はどのようなものですか。以下に
　　お書きください。また，これらが確認できる資料を本報告書とともに提出してください。
　　..
　　..
　　..

(2) 取消権を行使しましたか（今後，行使する予定がありますか）。
　　□　行使していない（予定していない）　　　□　行使した（予定がある）
　　（「行使した（予定がある）」と答えた場合）その時期と内容はどのようなものですか。以下に
　　お書きください。また，これらが確認できる資料を本報告書とともに提出してください。
　　..
　　..
　　..

| 4 | あなたご自身について | （全員回答）

次の(1)から(3)までについて，該当するものがありますか。
　(1)　他の家庭裁判所で成年後見人等を解任された
　　　　☑　該当しない　　　□　該当する
　(2)　破産者で復権していない
　　　　☑　該当しない　　　□　該当する
　(3)　本人に対して訴訟をしたことがある者，その配偶者又は親子である
　　　　☑　該当しない　　　□　該当する

| 5 | その他 | （全員回答）

上記報告以外に裁判所に報告しておきたいことはありますか。
　☑　特にない　　　　□　以下のとおり
　　..
　　..
　　..

　※　□がある箇所は，必ずどちらか一方の□をチェック（レ点）するか，又は塗りつぶしてください。
　※　完成したら，裁判所に提出する前にコピーを取って，次回報告まで大切に保管してください。
　※　報告内容に問題がある，必要な資料が提出されないなどの場合には，詳しい調査のため調査人や監督人を選任する
　　　ことがあります。

－ 3 －

書式 財産目録（定期報告）

開始事件 事件番号 令和○年（家）第○○○○号 【本人氏名： 山田 太郎 】

財産目録 （令和○年 6月 30日現在）

令和○年 7月 10日 作成者氏名 山田 一郎 ㊞

1 預貯金・現金

本人の財産の内容は以下のとおりです。

金融機関の名称	支店名	口座種別	口座番号	残高（円）	管理者
○×銀行	△△支店	普通	1234567	2,452,311	後見人
□△信用金庫	××支店	定期	1358246	1,500,000	後見人
		現　金		52,140	後見人
		合　計		4,004,451	
			前回との差額	97,273	(増・㊅)

（2から7までの各項目についての記載方法）
・必ずどちらか一方の□をチェック（レ点）するか，又は塗りつぶしてください。
・**初回報告の際には，すべて右の□をチェックし，別紙も作成してください。**
・定期報告の際には，財産の内容（別紙に記載がある事項）に少しでも変化があった場合に，右の□をチェックした上，前回までに報告したものも含め，改めて該当する項目の現在の財産内容すべてを別紙にお書きください。

---

2 株式，投資信託，公債，社債
　　☑ 前回報告から変わりありません　　□ 前回報告から変わりました（別紙のとおり）

3 不動産（土地）
　　☑ 前回報告から変わりありません　　□ 前回報告から変わりました（別紙のとおり）

4 不動産（建物）
　　☑ 前回報告から変わりありません　　□ 前回報告から変わりました（別紙のとおり）

5 保険契約（本人が契約者又は受取人になっているもの）
　　□ 前回報告から変わりありません　　☑ 前回報告から変わりました（別紙のとおり）

6 その他の資産（貸金債権，手形，小切手など）
　　☑ 前回報告から変わりありません　　□ 前回報告から変わりました（別紙のとおり）

7 負債
　　□ 前回報告から変わりありません　　☑ 前回報告から変わりました（別紙のとおり）

（別紙）

2　株式，投資信託，公債，社債

種　類	銘柄等	数量（口数，株数，額面等）	評価額（円）
合　計			

3　不動産（土地）

所　在	地　番	地　目	地積（㎡）

4　不動産（建物）

所　在	家屋番号	種　類	床面積（㎡）

5　保険契約（本人が契約者又は受取人になっているもの）

保険会社の名称	保険の種類	証書番号	保険金額（受取額）（円）	受取人
××生命(株)	生命保険　終身	S963852	1,000,000	山田一郎
□□生命(株)	医療保険　終身	C74185	1,000,000	山田太郎

6　その他の資産（貸金債権，手形，小切手など）

種　類	債務者，振出人等	数量（債権額，額面等）

7　負債

債権者名（支払先）	負債の内容	残額（円）	返済月額（円）
なし			
合　計			

9 財産管理や費用請求の問題点について知っておこう

本人のための支出は原則として本人の財産から支払われる

■ 交通費として認められる場合とは

　成年後見人が本人のために職務を遂行する上で交通費を支出した場合、この交通費については原則として本人の財産から支払われます。具体的には、後見事務を行うのに病院や金融機関、法務局などに出向く必要があった場合に、それにかかる交通費などが該当します。

　この交通費は、公共の交通機関を利用した場合が想定されています。したがって、電車やバス、地下鉄などの乗り物を利用した場合にかかった交通費については認められます。一方、タクシーを利用した場合には、タクシーを利用せざるを得なかった、といった事情がない限り、認められにくいといえます。

■ 本人のために車を購入した場合

　通常、成年後見人は後見事務を行う際に必要があって支払った費用などについては、本人の財産から支払いを受けることができますが、どのようなものでも認められるわけではありません。仮に、成年後見人が後見事務にともなって何らかの費用を支出したとしても、それが適切なものと認められない場合には、本人の財産から支払いを受けられない場合もありますから、注意が必要です。

　本人のために車を購入する場合も同様で、それが単に本人の介護や送迎のために購入した、というだけでは適切な支出と認められない可能性が高いといえます。ただ、車がなければ本人が介護を受けられない場合やバスなどの公共の交通機関が利用できない状況で通院などの度にタクシーを利用しなければならない場合には、車を利用した方が

経済的なこともあります。このような場合には、車を購入することも適切な支出と認められる可能性があります。

本人のための支出に含まれるものとは

　本人のための支出については、原則として本人の財産から支払うことができます。ただ、財産には限りがありますから、本人にとって適正な支出であることはもちろん、有効に利用する必要があります。

　そのためには、常に支出の状況を把握して、支出内容を証明できる領収書などを保管するとともに、本人のために成年後見人が支出した分と第三者が支出した分を明確に区別するようにしなければなりません。本人と成年後見人等が親族であるような場合には、つい財産管理があいまいになりがちです。しかし、本人のために設けられた成年後見制度における成年後見人という地位に基づいて、本人の財産管理を行っている以上、そのようなことは許されません。

　本人の財産から支出する場合には、それが①適正な支出であること、②一般的な常識と本人の財産状況に従って誰もが納得できるような支出であること、が必要です。

　適正な支出とは、本人の医療費、施設費、税金、社会保険料、財産の維持管理費、負債の返済費用、本人の身上監護のために必要な費用、後見事務や後見監督のために必要な資料収集費用などです。本人と本人の被扶養者の生活に必要な費用も当然適正な支出です。

　なお、後見や保佐開始の申立てをする際に、本人の判断能力などを専門的に判断するために、鑑定人による鑑定がなされます。この鑑定も本人のための支出といえそうですが、鑑定にかかる費用については、原則として、申立人が負担することになっています。ただし、特別の事情がある場合は家庭裁判所へ申し立てることで本人の財産から負担することもできる場合があります。

第3章　成年後見制度のしくみ

147

■複数の収入がある場合の注意点

　本人の年金や家賃の受取口座が複数ある場合には、できるだけ1つの口座にまとめるようにした方が管理は楽です。

　まとめる際には、振り込まれる金銭が家賃や年金そのものである場合には問題ありませんが、何らかの手数料や費用などが差し引かれた後の金銭が振り込まれている場合には、後に収支がわからなくならないように、明細書などをつけて、その金額が何の金額なのかを明らかにしておくようにした方がよいでしょう。

　家賃などの場合には、管理業者などの手数料が引かれている可能性があるので注意が必要です。

■親子であれば口座の引き落とし手続きができるのか

　認知症の親の介護をしている子や、知的障害のある20歳を過ぎた子（親の親権の及ばない子）の世話をしている親は、「親子関係にあるのだから本人の財産管理をしても問題ないだろう」と思いやすい傾向にあります。しかし、「親」や「子」ということだけで、本人の財産を管理することはできません。

　たとえば、子に知的障害がある場合、子の財産として障害手当など各種福祉手当が子の口座に振り込まれることがあります。親が、この手当を子の生活費に充てるため、必要な額を引き出そうと考えた場合であったとしても、子の口座から自由に引き落としを行うことはできないのです。引き落としだけでなく、銀行での取引全般についても同様のことがいえます。

　このような場合、成年後見制度を利用して、親を成年後見人に選任することで子の財産の管理などをすることができます。子が未成年のときに任意後見契約を結んでいるケースでは、両方の制度を同時に利用することはできないため、調整することになるでしょう。

預貯金口座の管理について

　預貯金の口座を管理する場合、本人の名義のまま、本人の届出印のままで管理することはできません。必ず、本人の口座がある金融機関の支店に成年後見の届出をする必要があります。

　通常は、「○○○○成年後見人△△△△」というように名義変更をすることになります（○○○○の部分には被後見人の氏名、△△△△の部分には成年後見人の氏名が入ります）。こうすることにより、本人の財産と成年後見人の財産が混同することを防ぐことができます。複数の預貯金口座があって管理が大変な場合には、できる限り１つの銀行口座にまとめるようにします。その際には、入出金の状況に注意して口座を閉じた後に不都合が生じないようにする必要があります。預貯金以外の金融商品の口座については、本人の財産が保護されるかどうか、という観点から、慎重に取り扱う必要があります。とくに金融商品についてはペイオフの対象となっている安全な資金を投機的な金融派生商品に変えるようなことは行わないようにしましょう。

　成年後見人として本人の財産を管理することになった場合には、本人の支出・収入・預貯金について確認する必要があります。銀行の通帳などで確認することになりますが、その際、過去にさかのぼってどのようなものが引き落とされているのかを確認する必要があります。最近は公共料金や商品の代金の支払いをクレジットカードで行うケースが増えていますが、ショッピングクレジットやお店で行われている分割払いなどのようにクレジットカードの請求とは別の品目が自動引き落とされるケースもあります。

　また、商品を借りる契約を締結している場合にはリース料などが引き落とされていることも考えられます。口座から一定額の引き落としが定期的になされている場合には、その根拠となる契約書を探し、契約内容が適切かどうかを確かめる必要があります。不要な契約は解除するようにしましょう。そうした書類が一切ない場合には、相手方に

149

問い合わせて取引内容を確認するようにします。高齢者を狙った悪質業者による被害が増加していますから、本人が被害に遭っていないかを確認するようにすることが大切です。

■不動産を処分する場合の注意点

成年後見人には後見事務を行う際に包括的な権限が与えられています。したがって、成年後見人が本人の不動産を処理する場合、それが本人にとって必要な場合には認められます。

ただ、その不動産が居住用の不動産である場合には、家庭裁判所の許可が必要になります。居住用の不動産とは、本人が現に住んでいたり今後帰宅する可能性がある住居とその敷地をいいます。仮に成年後見人が家庭裁判所の許可を得ずに本人の居住用の不動産を処分してしまった場合、その行為は無効となります。

なお、不動産の処分とは、売却、抵当権の設定、賃貸などをいいます。

■その他こんなことに気を付けよう

成年後見人には、本人の財産を守る任務があります。したがって、財産が不必要に減るような事態は避けなければなりません。しかし、本人のためだからといって、危険を冒してまで、積極的に財産を増やそうとする必要はありません。たとえば、定期預金で管理している金銭を、元本保証のない投資信託などに切り替えた場合、一時的に本人の財産が増えたとしても、将来的には財産を減らしてしまう可能性があります。このような行為は、財産を適正に管理するという義務に違反します。適正な管理を怠り、本人に損害が生じた場合、後見人は損害賠償責任を負います。たとえ、親子など身内の間柄であっても、後見人としての行為は免除の対象になりませんから、十分に注意して管理するようにしましょう。

10 後見人の任務の終了について知っておこう

辞任する場合には正当な理由が必要である

後見人の任務が終了する場合とは

原則として、以下の事由が生じた場合、後見人の任務は終了します。

① 後見開始の審判が取り消された場合

後見開始の審判が下された後であっても、本人の症状が軽くなり保佐や補助が適当だ、ということになれば、保佐や補助に変更することもあります。この場合、後見人の任務は終了します。

② 本人・後見人が死亡した場合

本人や任意後見人が死亡した場合も当然のことながら、後見は終了します。

③ 後見人が解任された場合

後見人に不正な行為があった場合や著しい不行跡があった場合、また、後見の任務を行うのに適さない事由が生じた場合には後見人が解任されることがあります。この場合も、後見人の任務は終了します。

④ 後見人が辞任できる場合

成年後見人等は、勝手に辞任することはできません。辞任するには家庭裁判所の許可が必要です。

辞任は、正当な事情や理由がある場合に限って認められます。たとえば、後見人が病気になった場合や高齢になった場合、遠隔地に転居した場合などで後見事務を円滑に行うことができなくなった場合には正当な事由があるとして後見人の辞任が認められます。この場合も後見人の任務は終了します。

151

■ 任務終了時の手続きについて

　後見人が辞任する場合は辞任の申立てをしますが、その他、後見人の死亡以外の理由で終了する場合は、次のような手続きをとります。

　本人が死亡した場合には、家庭裁判所に連絡して除籍謄本などの必要書類を提出し、法務局には後見終了の登記申請書を提出します。本人の財産については、収支を計算した上で財産目録を作成し、相続人や後見監督人に報告するとともに財産を相続人などに引き継ぎます。後見人が変更となる場合は、本人か後任者に財産を引き継ぎます。

　このように、後見人が死亡したときを除けば、後見人の任務終了時には、必ず「管理してきた本人の財産の引き継ぎをする」という作業が必要になります。これは大変重要な作業になりますから、引き渡す相手や内容を間違えないよう、正確に対応しましょう。また、すべての事務が終了したら、最終的に家庭裁判所に報告することも必要になりますので、この点も忘れずに行うようにしましょう。

　なお、後見人自身が死亡した場合には、速やかに後任の後見人が選任されることになりますが、財産の引き継ぎは、死亡した元後見人の親族が行うことになります。

● 成年後見人等の任務が終了する事由と財産の引き継ぎ

任務終了の事由	財産を引き継ぐ相手
後見開始の審判の取消し	本人
本人の死亡	遺言あり：遺言執行者など
	遺言なし：相続人
	遺言・相続人なし：相続財産管理人
後見人の死亡	後任の後見人（元後見人の親族から）
解任	後任の後見人
辞任	後任の後見人

11 後見人等を監視する制度もある

本人の不利益の有無を監督する成年後見監督人と任意後見監督人

成年後見監督人とは

　成年後見人等に与えられた権限は本人を支援するためのものですが、適切に行使されない場合には、本人に不利益が生じてしまうおそれがあります。このため、成年後見人等の活動状況をチェックする人が不可欠になります。

　成年後見人等を監督するのは、通常は家庭裁判所です。家庭裁判所以外では、成年後見監督人・保佐監督人・補助監督人が成年後見人等の活動を監督する役割を担います。成年後見人を監督する人が成年後見監督人、保佐人を監督する人が保佐監督人、補助人を監督する人が補助監督人で、あわせて成年後見監督人等と総称します。

　成年後見監督人等は、本人や本人の四親等内の親族、成年後見人等の申立てを受けて選任されます。家庭裁判所の職権で選任されることもあります。

　成年後見監督人等は一人でも複数でも法人でもかまいません。

　ただし、家庭裁判所は、成年後見監督人等を選任する際に、成年後見人等との間に利害関係がないか、注意して選任します。具体的には、成年後見人等の配偶者や直系血族、兄弟姉妹などが除外されます。法人の場合には、法人の種類と事業内容なども利害関係が生じているかどうかの判断材料となります。

　この他、未成年者や破産者、それまでに成年後見人等を解任された経験のある人なども除外されます。

　一度成年後見監督人等になると、辞任するには家庭裁判所の許可が必要になります。家庭裁判所が許可するのは、辞任に正当な事情や理

由がある場合に限られます。

　たとえば、遠隔地に転勤になった場合や高齢になった場合で職務を果たすことができないような場合です。一度引き受けると辞任しにくい点や、核家族化・高齢化が進む現状から、成年後見監督人等には、弁護士や司法書士などの専門家や法人が選ばれるケースが増えています。

■ 成年後見監督人の仕事

　成年後見人等の職務遂行状況を把握するため、成年後見監督人等は、成年後見人等に対して定期的な報告や必要な資料の提出を求めます。

　そして不正な行為を見つけた場合には、家庭裁判所に成年後見人等の解任を申し立てることができます。

　不正な行為とは、本人の財産を横領した場合や、私的に利用した場合の他、違法行為や社会的に非難されるような行為のことです。

　また、成年後見人等の行いが、成年後見人等として不適格だと判断できるほどに著しく悪いような場合で、本人の財産管理をそのまま続けさせるのが危険だと判断した場合も解任の申立てを行うことができます（著しい不行跡）。不正な行為とまではいかなくても、成年後見人等が権限を濫用したり、財産管理の方法が不適当だと思われる場合、任務を怠った場合も、解任の申立てを行うことができます（その他成年後見人等に適さない事由）。

　成年後見監督人等が判断するのは、本人の財産の管理についてだけではありません。成年後見人等が死亡した場合や破産手続開始決定を受けた場合には、すぐに成年後見人等の後任者を選任するように家庭裁判所に申し立てなければなりません。緊急時には、成年後見人等に代わって必要な職務を行うことも成年後見監督人等の職務です。

　また、本人と成年後見人等の利益が相反する状況になった場合には、成年後見監督人等は成年後見人等に代わって、本人のために行為をします。つまり、後見の場合には、成年後見監督人が本人を代理し、保

154

佐や補助の場合には、保佐監督人・補助監督人が本人の行うことを代理するか、同意する職務を果たすことになります。

成年後見監督人等は、成年後見人等が本人の意思を尊重しているか、本人の身上監護を適切に行っているかについてもチェックします。

成年後見人等の職務を監督し、解任の申立てを行うこともできる成年後見監督人等ですが、成年後見監督人等に解任事由が生じた場合は、自身が解任される場合もあります。

成年後見監督人等が解任される理由は、成年後見人等と同様で不正な行為を行った場合、著しく不行跡であった場合（成年後見人としての行いが著しく不適格である場合）、その他成年後見監督人等に適さない状況にある場合です。解任の申立ては、本人、本人の親族、検察官の他、家庭裁判所が職権で行うこともできます。

● 成年後見人と成年後見監督人の関係

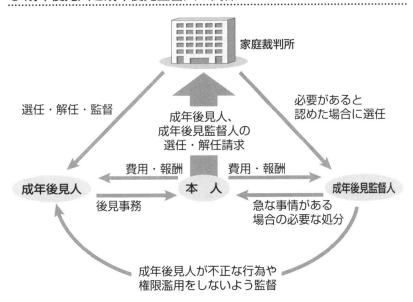

12 法定後見開始の申立てについて知っておこう

家庭裁判所への申立てから審判を経て法定後見が開始するまで

法定後見制度の手続きの流れ

　本人の判断能力が不十分であるなどの理由から法定後見制度を利用する場合、家庭裁判所に後見等開始の審判の申立てを行います。下記の申立ての流れはあくまでも一例であり、家庭裁判所によって異なります。

　申立てをする時には、あらかじめ必要な書類を用意しておきます。申立ての当日に、家庭裁判所調査官は申立人と成年後見人等の候補者から事実関係を確認します。この際に、本人の状況を生活や財産面、判断能力の面などから確認します。申立時に立てられた成年後見人等の候補者についての判断も行われます。

　後見や保佐の場合には、本人の精神状況についての医師等による精神鑑定が行われます（鑑定についての詳細は169ページ）。

　親族の意向についても確認します。具体的には、申立内容や成年後見人等の候補者を親族に書面で伝えて確認します。

　可能な場合には家庭裁判所で本人調査を行い、本人の意向を確認します。本人が家庭裁判所に行くことができない場合には、本人のところに裁判所の担当者が出向きます。

　家庭裁判所は、鑑定・親族への意向照会・本人調査の結果から、内容について検討、判断します（審理）。

　審理を経て、結論を出した家庭裁判所は、その審判内容を申立人と成年後見人等に送ります（審判書謄本の送付）。

　審判では、申立書に書かれている成年後見人等の候補者がそのまま選任されることもあります。ただ、場合によっては候補者ではなく司

法書士や弁護士が選任されることもあります。

　裁判所から審判書謄本を受領してから、異議もなく2週間経過すると、審判が確定します。審判が確定すると、法定後見が開始され、法務局に法定後見開始の事実についての登記がなされます。

■ 求める内容によって申立方法も異なる

　法定後見制度を利用する場合、本人の住所地を管轄する家庭裁判所

● 申立手続の例

1.　申立て（本人の住所地にある家庭裁判所に対して行う）

- 申立てができるのは、本人、配偶者、四親等以内の親族、検察官、任意後見人、任意後見監督人、市区町村長など。

2.　審判手続（調査 → 鑑定・診断 → 審問の順に行う）

- 家庭裁判所調査官が、本人の精神状態、生活状態、資産状況、申立理由、本人の意向、成年後見人等候補者の適格性などを調査する。家庭裁判所は、市区町村などの行政、金融機関などに必要な調査報告を求めることもある。
- 鑑定は裁判所から依頼された鑑定人、診断は申立権者が依頼した医師が行う。鑑定や診断の結果は、本人の意思能力や障害の程度がどれくらいか、能力が回復する可能性があるかどうかなどを判断する重要な資料となる。
- 本人の精神的な障害の程度、状況を確認し、援助の必要性を判断するために、裁判官が直接本人に会って意見を聴く。審問は必要に応じて数回にわたって行われることもある。

3.　審判（家庭裁判所の判断の結果が示される）

- 申し立てられた類型やそれにともなう同意・取消権、代理権を成年後見人等に付与することが適切かどうか、家庭裁判所の判断の結果が出される。誰を成年後見人等にするかも決定する。

4.　告知・通知（審判の結果が関係者に伝えられる）

5.　登記（法務局に後見等の内容が登記される）

に後見等開始の審判の申立てを行います。

　申立てをする際には、いくつかの書類を提出することになりますので、あらかじめ用意しておきます。また、申立人と成年後見人等の候補者は、申立後、家庭裁判所調査官から申立内容について確認されるので、家庭裁判所に出向くことになります。申立ての際には、どの制度を利用するかによって準備する内容が異なります。

・後見の場合

　後見開始の審判を求めるだけで他の審判の申立ての準備は必要ありません。これは、成年後見人の場合、申立時に追記しなくても、日常生活上の法律行為以外のすべての財産管理についての代理権が認められているからです。

・保佐の場合

　保佐開始の審判を求めるだけですむ場合もあります。ただ、保佐人は成年後見人と違い、すべての法律行為について最初から権限を認められているわけではありません。重要な行為についての同意権が認められているだけですので、保佐人に代理権を与える場合には別途「代理権付与の審判」を求める必要があります。

　また、重要な行為以外の法律行為について、保佐人に同意権を与える場合には、どのような法律行為を対象とするのかについても、明確にしておかなければなりません。

・補助の場合

　補助の場合には、基本的には補助開始の審判を求めただけではどんな支援内容も発生しませんから、具体的な支援内容を別の審判で決めなければなりません。補助人に代理権を与える場合には、代理権付与の審判を求めることになります。同意権を与える場合には、同意権付与の審判を求めることになります。両方の権利を与える場合には代理権付与の審判と同意権付与の審判が必要になります。また、代理権・同意権が及ぶ法律行為の範囲も定めておかなければなりません。

■本人や親族が申立てをすることができる

　法定後見制度を利用するための申立ては、本人が自ら行うことができます。ただ、法定後見は任意後見とは異なり、後見・保佐・補助の利用が必要な程度に本人の判断能力を欠くかまたは不十分な状態でなければ利用できません。本人が申立てをすることができる状況のケースでは、実際には任意後見制度を利用する場合が多いようです。

　本人が申立てをすることができない状況の場合には、本人の配偶者や四親等以内の親族、検察官が申立てをすることができます。

■すでに成年後見制度を利用している場合の申立権者

　法定後見の申立てができる人のことを申立権者といいます。

　本人とその親族や検察官の他に、任意後見人、任意後見監督人、成年後見人、成年後見監督人、保佐人、保佐監督人、補助人、補助監督人も申立権者です。

　任意後見人や任意後見監督人が申立てを行うことができる場合は、本人がすでに任意後見制度を利用していることが前提となります。任

● 法定後見制度の手続きの例

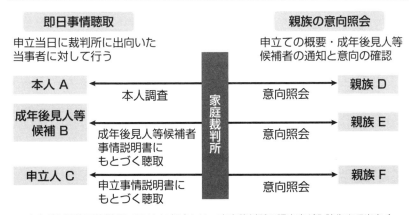

※本人が入院等で裁判所に行けない場合には、家庭裁判所の調査官が入院先まで出向く

意後見で交わした契約内容では本人の支援を十分に行うことができないような場合に、任意後見人や任意後見監督人が法定後見制度を利用するために申立てを行うことができます。

成年後見人・成年後見監督人が申立てをする場合は、すでに後見制度を利用していることが前提になります。本人の精神上の障害が後見よりも保佐や補助を利用する方が適切だと思われる状況になった場合などに、保佐や補助を利用するために成年後見人や成年後見監督人が申立てを行うことができます。

保佐人・保佐監督人が申立てをする場合、すでに保佐制度を利用していることが前提になります。本人の精神上の障害の程度が進み、保佐では本人を保護しきれないような状況になった場合に、後見制度を利用するための申立てを保佐人や保佐監督人が行うことができます。これとは反対に、本人の精神の障害の程度が軽くなり、補助制度を利用する方が適切だと思われる場合に補助制度を利用するために保佐人・保佐監督人が申立てをすることができます。

補助人・補助監督人が申立てをする場合も、他の場合と同様、補助制度を利用していることが前提になります。本人の精神の障害の程度が補助よりも保佐や後見を利用する方が適切だと考えられる場合に、保佐や後見を利用するために補助人・補助監督人が申立てをすることができます。

なお、本人や四親等内の親族が法定後見開始の申立てをすることができない場合やしようとしない場合で、法定後見制度の利用が必要な状況のときには、本人の住んでいる市区町村長が申立てをすることができます。実際には、その自治体の福祉担当部門の職員が申立てに関する事務を行っています。

13 申立てにかかる費用や必要書類について知っておこう

手数料等を支払った上、申立書などの必要書類を提出する

申立てに必要な書類

おもな申立てに必要な書類と費用は、次のようになります。

ただ、それぞれのケースごとに必要となる書類は異なる場合があります。これにともなって費用も変わってきますので、詳しい内容については申立てを行う家庭裁判所に聞いてみるとよいでしょう。

まず、申立てを行う際に提出する申立書が必要です。申立書には本人の状況をはじめとする申立ての概要を記します（書式の詳細は165ページ以下参照）。申立書は定型の書式で、家庭裁判所で無料で配布しています。後見の場合には、「後見開始申立書」、保佐の場合には、「保佐開始申立書」、補助の場合には「補助開始申立書」を作成します。

この申立書を補充する書類も可能な限り添付します。

添付種類とは、たとえば、申立事情説明書、後見人等候補者事情説明書、財産目録、親族関係図などがあり、各家庭裁判所で用紙が用意されています。

本人に関する書類としては、戸籍謄本・住民票（籍の附票）・登記事項証明書（成年後見登記についてのもの）・診断書が必要です。

本人以外の人が申立てを行う場合、申立人の戸籍謄本も必要です。

成年後見人等の候補者がいる場合には、候補者の戸籍謄本・住民票・身分証明書・後見登記されていないことの証明書（東京法務局又は法務局の本局で取得）が必要になります。

候補者の身分証明書は、候補者の本籍地にある役所が発行する証明書で、破産手続開始決定を受けていないことを証明できるものです。

この他、家庭裁判所が判断する際に参考となりそうな資料がある場

合には、審理を早く進めてもらうためにも添付するようにします。

たとえば、本人の判断能力を判断するのに参考となる介護保険の保険証や障害者手帳、年金手帳などです。また、本人の財産状況の判断に有効なものとしては、前述した財産目録の他に、預金通帳や不動産評価証明書、不動産登記事項証明書、株券などが考えられます。

申立時に必要になる費用

次に、各手続き・書類入手にかかる費用を挙げておきます。

① 申立手数料

収入印紙で収めます。金額は1件につき800円です。これは1つの審判につき800円かかるということです。したがって、たとえば保佐で、代理権付与の審判も行う場合には、保佐開始の審判に800円、代理権付与の審判に800円、とそれぞれに手続きの手数料として収める必要があります。また、保佐の対象となる法律行為の範囲を広げる場合、その範囲を広げる手続き（同意権追加付与の申立て）の手数料に800円がかかります。補助で、代理権と同意権をともに補助人に付与する場合には、2,400円かかることになります。

② 登記手数料

2,600円です。登記手数料は、後見等が開始された後に裁判所が登記するために必要になる費用です。登記手数料は収入印紙で納めます。収入印紙は、郵便局などで買うことができます。

③ 連絡用の切手

各裁判所で金額が異なります。約3,000～5,000円程度です。連絡用として使われるものとしては、たとえば、裁判所から送られてくる審判書の郵送費用などです。

④ 鑑定費用

現金で支払うことになります。鑑定の内容によって金額は左右されるので、ケース・バイ・ケースということになりますが、約10～20

万円は見積もっておくとよいでしょう。明らかに鑑定する必要がない
と認められる場合や補助を利用する場合など、鑑定を必要としない場
合もあります。

⑤　専門家に支払う費用

司法書士は申立書の作成、弁護士は申立ての代理を行うことができ
ます。依頼した内容に応じて報酬を支払う必要があります。

ただ、この報酬については一律に定まっているわけではありません。
それぞれの専門家によって報酬額が異なりますから、事前に把握して
おく必要があります。

● 申立てに必要な書類と費用（東京家庭裁判所の例）

書　類	● 申立書及び申立事情説明書
	● 親族関係図
	● 本人の財産目録及びその資料
	● 本人の収支状況報告書及びその資料
	● 後見人等候補者事情説明書
	● 同意書
	● 本人・後見人等候補者の戸籍謄本
	● 本人・後見人等候補者の住民票
	● 本人の登記されていないことの証明書
	● 診断書（成年後見用）、診断書付票
	● 愛の手帳の写し ※任意後見人の場合は以下の書類も必要です。
	● 任意後見契約書の写し及び登記事項証明書
費用等	● 収入印紙（申立手数料 --- 1件につき 800 円）
	● 収入印紙（2600円。任意後見監督人選任申立ては1400円）
	● 郵便切手（3220 円（後見の場合）又は 4130 円 （保佐・補助の場合）円分）
	● 鑑定料 10 ～ 20 万円程度

※上記は東京家庭裁判所のものです。支部により若干異なりますので、
　詳しくは直接申立てを行う家庭裁判所に確認してください。

163

⑥　必要書類の入手費用

　戸籍謄本や登記事項証明書、診断書といった書類を入手するのには発行手数料がかかったり、郵送料が別途かかります。こうした費用は、各自治体で異なる場合があるので、事前に調べておくとよいでしょう。とくに本籍地にある役所が遠隔地にあるような場合、戸籍謄本などを入手するまでには日数や郵送料等が別途かかりますので、余裕を見て準備するようにしましょう。

■申立てから開始までにかかる期間と費用負担

　申立てから審判確定までにかかる期間ですが、それぞれの事情にある程度は左右されます。ただ、一般的には法定後見開始の申立てを行ってから約2か月から4か月ほどで審判に至ります。鑑定が必要な場合に、鑑定が早く終わればその分期間は短縮されます。

　また、補助の場合には鑑定を必要としませんから、場合によっては1・2か月で審判が確定することもあります。反対に申立時に想定している制度とは別の制度の方がよいと判断された場合や、書類等に不備があるような場合にはその分遅れることがあります。

　申立時に必要になる費用は、申立手数料、登記手数料、連絡用の切手、後見や保佐の場合に原則として必要になる鑑定費用、申立書類として必要な書類を発行してもらうために必要な費用などです。

　また、申立てを司法書士や弁護士などの専門家に依頼した場合には、報酬なども必要です。

　申立費用は、本人が申し立てた場合は本人が支払い、本人以外が申し立てた場合には、申立人が原則として支払います。ただし、後見開始の申立てをする際に、申立費用（印紙代や切手代）を本人の負担とする内容の上申を行い、その内容が裁判所に認められた場合は、申立費用を本人負担とすることもできます。

書式　後見開始申立書

受付印	後 見 開 始 申 立 書
	(注意) 登記手数料としての収入印紙は、はらずにそのまま提出する。
	この欄に申立手数料としての収入印紙800円分をはる（はった印紙に押印しない）。

収入印紙	円
予納郵便切手	円
予納収入印紙	円

| 準口頭 | 関連事件番号　令和　　年（家　）第　　　号 |

東　京　家庭裁判所　御中	申立人の署名押印又は記名押印	山田　一郎　㊞
令和　○　年　5　月　20　日		

| 添付書類 | （同じ書類は1通で足ります。審理のために必要な場合は、追加書類の提出をお願いすることがあります。）
☑ 本人の戸籍謄本（全部事項証明書）　☑ 本人の住民票又は戸籍附票
☑ 本人の登記されていないことの証明書　☑ 本人の診断書（家庭裁判所が定める様式のもの）
☑ 本人の財産に関する資料　☑ 成年後見人候補者の住民票又は戸籍附票
☐ |

申立人	住　所	〒000-0000　　　　　　　　　電話 ××（××××）×××× 東京都板橋区○○町○丁目○番○号（　　　　方）
	フリガナ 氏　名	ヤマダ　イチロウ 山田　一郎	大正 ㊻昭和 36 年 4 月 10 日生 平成
	職　業	自由業（建築家）
	本人との関係	※ 1 本人　2 配偶者　③四親等内の親族（　本人の長男　） 4 未成年後見人・未成年後見監督人　5 保佐人・保佐監督人 6 補助人・補助監督人　7 任意後見受任者・任意後見人・任意後見監督人 8 その他（　　　　　　　）

本　人	本　籍	東京　㊹道 　　　府県	○○区××町○番地
	住　所	〒000-0000　　　　　　　　　電話 ××（××××）×××× 東京都台東区○○町○丁目○番○号（　　　　方）
	フリガナ 氏　名	ヤマダ　タロウ 山田　太郎	大正 ㊻昭和 11 年 8 月 20 日生 平成
	職　業	無　職

（注）太枠の中だけ記入してください。※の部分は、当てはまる番号を○で囲み、3又は8を選んだ場合には、（　）内に具体的に記入してください。

申　立　て　の　趣　旨
本人について後見を開始するとの審判を求める。

申　立　て　の　理　由

(申立ての理由、本人の生活状況などを具体的に記入してください。)

１．本人は７年ほど前から老人性認知症状が現れていましたが、５年前連配偶

者に先立たれたあとめっきり症状が進行し、今では日常的な買い物も１人で

はできない状態となってしまいました。

２．今までは、本人の兄弟が交替しながら面倒をみてきましたが、みな歳をと

り、充分な面倒をみることが難しくなりました。

３．ついては、経済状態、健康状態、家族関係等に特に問題がないと判断され

る本人の長男である山田一郎を、成年後見人として選任するよう審判を求め

ます。

成年後見人 候補者 適当な人が いる場合に 記載してく ださい。	住　　所	〒000－0000　　　　　　　　電話××（××××）×××× 東京都板橋区○○町○丁目○番○号（　　　　　　　方）	
	フリガナ 氏　　名	ヤマダ　イチロウ 山田　一郎	大正 ㊑昭和 36年 4 月 10日生
	職　　業	自由業（建築家）	本人との 関　係　　長　男
	勤　務　先	電話××（××××）×××× 東京都千代田区○○町○丁目○番○号 ○○一級建築士事務所	

(注) 太枠の中だけ記入してください。

14 審判について知っておこう

申立ての内容に対する判断が行われる

審判の手続きについて

　申立人・成年後見人等の候補者・本人は裁判所に出向いて調査官から質問を受けます。本人が出向くことができない場合には、調査官が本人のもとに出向きます。また、調査官は必要な場合には他の関係者から話を聞き、判断材料とします。直接会う場合もあれば、郵送でのやりとりで行う場合もあります。

　調査官の調査とは別に、裁判官が事情を直接尋ねる審問を行う場合もあります。審問は、必ずしも開かれるものではなく、調査官が本人の意向を確認する場合もあります。関係者の調査や審問とは別に、精神鑑定が行われます。鑑定は必要な場合に行われるもので、補助などでは診断書だけで足りることもあります。家庭裁判所は、医師から提出された鑑定書と裁判所の調査・審問結果から、最終判断を下します（審判）。審判の内容と申立内容が異なることもあります。この場合は、別途調整がなされることもあります。

審判とはどのようなものか

　法定後見の申立てがそのまま認められたり、申立内容とは少し異なる審判が下されると、その内容を記した審判書の謄本が本人、成年後見人・保佐人・補助人に選ばれた人と申立人などに郵送されます（告知）。成年後見人等が審判書の謄本を受領してから 2 週間経過すると、審判が確定します。審判が確定すると、後見（保佐・補助）が開始されます。審判の内容に不服がある場合には、この 2 週間のうちに異議申立てを行うことができます。この場合の不服とは、後見開始・保佐

第3章　成年後見制度のしくみ

167

開始・補助開始の審判そのものに対する不服のことをいいます。審判で選ばれた成年後見人等の人選については不服とすることはできません。なお、この異議申立てを即時抗告といい、審判が確定するまでの２週間を即時抗告期間といいます。

審判が確定すると、家庭裁判所の書記官から法務局に対して、審判内容が通知されます。法務局の登記官は、内容を「後見登記等ファイル」に記録します。これを**登記**といいます。このように、後見・保佐・補助の登記は、家庭裁判所の嘱託によって法務局で行われます。

登記内容に変更が生じたような場合には、本人や成年後見人・保佐人・補助人、成年後見監督人・保佐監督人・補助監督人、任意後見人や任意後見監督人が、法務局に対して、「変更の登記の申請」を行う必要があります。審判内容が登記されると、法務局から**登記事項証明書**を取得することができるようになります。登記事項証明書があれば、成年後見人・保佐人・補助人の権限を証明することができます。

■ 審判前の保全処分を利用する場合とは

審判前の保全処分とは、通常の法定後見開始の申立ての手続きを進めていたのでは本人の財産が侵害されるような場合や、すぐに財産処分などを行う必要性があるような場合に利用される手続きです。すぐに財産処分をする必要がある場合とは、たとえば、すぐに本人の入院費を支払う必要がある場合などです。

また、すぐに財産侵害をおさえる必要がある場合とは、たとえば一人暮らしの本人が悪質商法の餌食となっており、次々に契約しているような場合です。事前の保全処分の申立てを行った結果、緊急性が認められた場合、本人の財産管理人が選任されます。審判が下されると、財産管理人は本人の契約を取り消すことができますし、入院費を支払うこともできるようになります。

15 鑑定はどのようにして行われるのか

診断書と鑑定書の違いと利用法について知っておく

■ 利用すべき制度を医学的な側面から判断する

　実際に法定後見制度を利用しようとしても、後見・保佐・補助のうちどの制度が本人にとって適切なのかの判断は難しいものです。本人の判断能力がどの程度であるかを、把握することが難しいためです。

　そのため、法定後見制度を利用する場合には、本人がかかりつけとなっている医師等の診断を受ける必要があります（本人の精神の状態を把握している医師が望ましい）。

　申立てに先立って行われた診断の内容については、診断書として発行してもらうようにします。法定後見の申立てを行うときに提出する書類には、本人の状況を示す申立書や申立書を補充する事情説明書、戸籍謄本といった書類の他に本人についての診断書も必要ですから、この診断書を申立ての際に提出することになります。診断書の他に、障害者手帳を持っている場合にはその手帳も添付します。この他にも、本人の精神上の障害や判断能力について裁判所が判断する場合の参考となるものがある場合には、その書類を提出しましょう。

■ 鑑定が必要な場合と不要な場合

　鑑定の手続きは、本人の判断能力がどの程度あるのかを医学的に判定するために行われます。鑑定結果を記した鑑定書は、本人の精神状況の診断結果を記した診断書とは異なり、本人の判断能力がどの程度あるのかを医学的に判定した書類です。後見や保佐の場合は、本人保護のために行われますが、本人の行為について制限を加えるものです。制限を加えなければならない程度の精神上の障害が本人にあるかどう

かについては慎重に判断されるべき事柄です。こうしたことから、後見や保佐には、診断書よりも専門的で時間もかかり、費用も高い鑑定書が必要とされる場合があります。

　他方、補助制度を利用する場合には、本人の同意が必要とされていますから、本人の意思を尊重しているといえます。また、本人の判断能力も、後見・保佐と比べて高いといえます。本人の行為を制限する程度も後見や保佐と比べると低く、範囲も狭いのが通常です。

　こうした事情から、補助の場合には原則として鑑定は必要とされません。ただ、補助でも判断能力についての判定が難しいような場合には、鑑定を必要とすることもあります。また、明らかにその必要がないと認められるような場合には後見や保佐であっても鑑定が行われないこともあります。

■ 鑑定書と診断書について

　申立時に提出する診断書は、かかりつけ医がいない場合、こだわりなどがないのであれば、近所の病院や診療所の医師に依頼しても問題ありません。診断書を書いてもらう場合には、鑑定書とは異なって、医師が精神科医である必要もありません。とはいえ、診断書には、本人の状況についての診断名と所見、判断能力についての医師の意見と根拠などが記入されます。精神科医に依頼できそうな場合には精神科医に依頼した方が的確な診断書となることは間違いないでしょう。鑑定の場合には、原則として裁判所が鑑定人となる医師を指定し、診察や検査を経て鑑定することになります。

　鑑定の結果を記した鑑定書には、本人の診察経過や入院先の診療録、既往歴と現病歴、日常生活や心身状態などが記載されます。親族が話した内容が記される場合もあります。また、本人の財産管理や処分に関する能力についての鑑定人の考察、失われている能力の回復の見込みといった事柄についても記載されます。診断書と鑑定書については、

170

「成年後見制度における鑑定書作成の手引」「成年後見制度における鑑定書書式《要点式》」「成年後見制度における診断書作成の手引」という手引きや書式が裁判所によって作成されています。これらの手引きや書式は、家庭裁判所で手に入れることができる他、ホームページにも記載されています（裁判所ホームページ http://www.courts.go.jp 内の裁判手続の案内→裁判所が扱う事件→家事事件→成年後見制度における鑑定書・診断書作成の手引参照）。

鑑定書と診断書の費用と期間

　鑑定を行う場合、事案によっても異なりますが、結果が出るまでには約1〜2か月の期間が必要です。他方、診断の場合、どの程度の診断書を求めるかや医療機関によっても異なりますが、鑑定ほどの期間はかかりません。費用についても両者はかなり異なります。鑑定の場合にはおよそ10〜20万円程度ですが、これも事案によって異なります。

　診断書は鑑定書と比べるとかなり低額です。医療機関によって差がありますが、数千円程度のところが多いようです。ただ、これも鑑定並みの診断内容を求めればもっと高額になります。

　家庭裁判所によってはあらかじめ鑑定料にあてる金額を納める必要があるので、利用する予定の家庭裁判所の予納額がいくらかといった面については事前に把握しておくようにしましょう。

● 鑑定・診断に必要な書類とその依頼先のまとめ

類　型	法　定　後　見			任意後見
	後　見	保　佐	補　助	（後見監督人選出）
書　類	鑑定書			診断書
依頼先	鑑定人（裁判所より指定）			医師（申立人が自分で依頼）
費　用	10〜20万円程度			数千円程度
期　間	1〜2か月			鑑定より短期間

16 任意後見制度を利用する

任意後見契約書は必ず公正証書で作成する

■ 任意後見制度とは

　任意後見制度は、将来自分の判断能力が不十分になったときに依頼する後見事務の内容と後見事務をまかせる相手を、本人が契約を結ぶ際に必要な判断能力を有しているうちに、契約で決めておく制度です。この契約が任意後見契約です。後見事務を行うことを引き受ける人のことを任意後見受任者といい、本人が任意後見契約を結ぶ相手となります。「将来認知症になって判断ができなくなった場合にどうすればよいか」と不安に思う人が、そうした将来の不安に今のうちに備えておこう、と考えた場合に、利用できるのが任意後見制度です。

　任意後見制度の場合、自分で判断ができるうちに任意後見契約を結び、自分の状況が認知症かもしれない、と思った時に家庭裁判所に申立てをして任意後見監督人の選任をしてもらう、といった流れになります。判断能力の状態については、自分でわかる場合だけでなく、配偶者や子などが判断して申立てを行う場合もあります。任意後見監督人は、本人が選んだ任意後見人がきちんと仕事をしているかチェックする人です。任意後見契約を結ぶ場合、任意後見人を誰にするか、そしてどこまでの後見事務を委任するかといった内容については自由に決めることができます。例外として、たとえば、結婚や離婚、養子縁組など、誰かが代理して行うのではなく自分自身が行う必要があるものについては、委任することはできません。

■ 任意後見制度の手続きの流れ

　現時点では何でも自分で判断して決定することができ、体も自由が

● **任意後見制度の流れ**

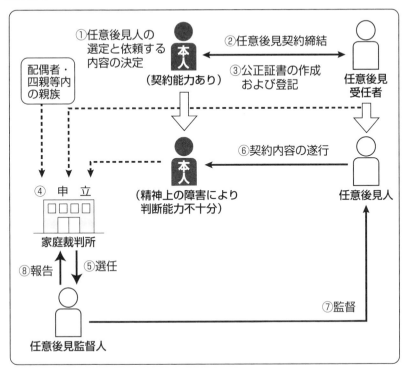

① 将来自己の判断能力が不十分になったとき、誰にどのような後見を受けたいかを決定します。
② 本人は自己が選定した任意後見人と、任意後見契約を締結します。
③ 任意後見契約の際には公証人に依頼して公正証書を作成する必要があります。公証人は東京法務局に登記の嘱託を行います。
④ 本人が精神上の障害により判断能力が十分でない状況となった時、本人、配偶者、四親等内の親族または任意後見受任者が家庭裁判所に任意後見監督人の選任を申し立てます。
⑤ 家庭裁判所が任意後見監督人を選任します。
⑥ 任意後見監督人が選任されるとともに、任意後見受任者は任意後見人となり、契約によってあらかじめ本人から委任された業務を遂行します。
⑦ 任意後見監督人は任意後見人の監督を行います。
⑧ 任意後見監督人は任意後見人の後見事務について、定期的に家庭裁判所に対して報告を行います。必要な場合には、任意後見人の解任を請求することもできます。

きく場合に、将来認知症などで判断が低下したときの準備をしておく手立てを考えたとします。この場合、判断能力がありますから、法定後見制度は利用できません。任意後見契約か任意代理契約（財産管理等委任契約）の締結を考えますが、任意代理契約については200ページを参照してください。ここでは、任意後見契約を結ぶことにします。

この場合、まず、将来自分を支援してくれる人を探します。支援してくれる人は、将来自分の判断能力が衰えてきた際に任意後見人として自分を支援してくれる人となるので、信頼できる人を探します。

たとえば、家族や友人といった周囲の人の他に、司法書士や弁護士といった専門家に依頼する方法もあります。

信頼できる人が見つかったらその人と任意後見契約を締結します。

任意後見契約を結んだ後に、本人が認知症になったとします。これに気づいた配偶者などが、家庭裁判所に任意後見監督人選任の申立てを行います。本人が自覚していて自分で申し立てる場合もあります。家庭裁判所は、任意後見受任者が任意後見人としてふさわしいかを確認し、問題なければ任意後見監督人を選任します。この段階になってはじめて任意後見受任者は任意後見人となり、代理権が生じます。

また、任意後見監督人を選任し、任意後見が開始したので、その内容が法務局で登記されます。任意後見が開始すると、任意後見人は任意後見契約で定められた財産管理などの仕事を行い、任意後見監督人はその仕事ぶりをチェックします。なお、任意後見契約は当事者が死亡した場合以外でも終了することがあります（189ページ）。

■ 任意後見契約とは

任意後見契約とは、任意後見が実際に開始される前に、支援する人と本人の間で将来の後見事務について取り決めた契約です。

任意後見の契約書は、本人と任意後見受任者が公証役場に出向いて、公正証書で作成します。公証役場では、本人の意思と代理権の範囲な

どを公証人が確認します。任意後見契約書を作成した後、公証人は、管轄の法務局に任意後見契約の登記を嘱託します。法務局では任意後見契約について、本人と任意後見受任者が誰であるか、代理権の範囲がどの程度であるか、といった内容が登記されます。

　本人と任意後見受任者の間で任意後見契約を結んだだけでは、効力は発生しません。本人の判断能力が衰えたときに、家庭裁判所に任意後見監督人の選任が申し立てられます。そして、実際に任意後見監督人が選任されたときに任意後見受任者は任意後見人となり、契約の効力が発生します。任意後見監督人選任の申立てを行うことができる申立権者は、任意後見受任者や本人、本人の配偶者、四親等内の親族などです。任意後見監督人は、任意後見人が任意後見契約の内容に従って後見事務を行っているかどうかを監督します。任意後見契約にはいくつかの利用パターンがあります（下図参照）。

● 任意後見契約利用のポイント

	将来型	移行型	即効型
財産管理の方針・制度利用の目的	将来判断能力が低下したときになってはじめて支援を頼む	将来判断能力が低下したときはもちろん、判断能力のある現在から支援を頼む	すでに判断能力が落ちてきつつある現在からすぐに支援を頼む
任意後見契約締結時の状態	判断能力が十分にあり、自分のことは自分ですべて行える	現在、判断能力は十分にある	現在、判断能力が落ちてきているが、任意後見契約の締結を行う能力はある
契約締結後の動き（実際に行うこと）	任意後見契約を締結するにとどまる。将来判断能力が低下したときに、任意後見監督人選任の申立てを行う	任意後見契約と委任契約を同時に結んでおき、早速、委任契約に基づいて財産管理をゆだねる	任意後見契約を締結してすぐに任意後見監督人選任の申立てを行い、任意後見を開始する

17 任意後見人について知っておこう

求められていることは成年後見人等と同じ

■任意後見人について

　任意後見契約は、法定後見制度とは異なり、本人と任意後見受任者との間で自由に内容を定めることができるのが原則です。ただ、任意後見契約も成年後見制度の理念を反映したものですから、想定される内容はおおむね法定後見制度と同様です。

　任意後見人が行う仕事の内容は、任意後見契約に従いますが、任意後見人に求められていることは成年後見人等と同様に、本人の財産管理に関することと、身上監護に関することです。

　任意後見人には、本人との間に結んだ事柄についての代理権が与えられています。任意後見人の職務も、この代理権が与えられている法律行為に関連する内容となります。

　なお、介護サービスを自ら提供する行為は、法律行為ではありませんから、任意後見人の職務ではありません。

　たとえば、財産管理の面で、任意後見人に本人所有の不動産に関する法律行為の代理権が与えられている場合には、この不動産売買を行う際に必要な行為が職務内容となります。

　身上監護事務も同様です。また、任意後見人に介護保険や福祉サービスの利用契約に関する代理権が与えられている場合、これに付随する諸手続やサービス内容の確認などは任意後見人の職務となります。任意後見人に与えられた権限については、「代理権目録」に詳細を記すことになっています。この代理権目録は2つの様式のどちらかで作成することになっています。一つはすでに用意されている項目から選択する様式で、もう一つは個別に記載する様式です。

任意後見制度のデメリット

　任意後見人は、任意後見契約で与えられた範囲内でしか本人を支援できません。任意後見契約で与えられた権限の範囲が狭すぎたり代理権だけでは対応できないような場合、本人の支援を十分に行えない可能性があります。しかし、任意後見制度では、代理権の範囲を変えるような変更は認められていません。範囲が増える部分については別途新たな契約を結ばなければなりません。任意後見契約は本人の判断能力が十分な場合には締結できますが、本人の判断能力を欠いた状態や不十分な状態になった後では新たな契約を結ぶことができません。

　一方、法定後見制度の場合、成年後見人等には、代理権だけでなく同意権・取消権を与えることができますし、権限が及ぶ範囲を広く設定することも可能です。こうした事情から、与えられた権限で十分な支援が行えないと判断した場合には、任意後見人自らが本人について法定後見開始の審判を申し立てることができるようになっています。実際に任意後見が開始される前にこうした事情に気づいた場合には、任意後見受任者も法定後見開始の審判を申し立てることができます。

任意後見人にはどのような人を選ぶべきか

　選んだ人が任意後見人に適さないと判断されると、任意後見契約の効力は生じないので、適切な人を任意後見人にしなければなりません。

　未成年や、破産者の他、裁判所から法定代理人を解任されたことのある人、本人に対して訴訟を起こしたことのあるような人やその親族などは避けるようにしましょう。任意後見人には本人の財産管理もまかせることになりますから、浪費癖がある人も不向きです。それ以外の人であれば、信頼できる成人を選ぶとよいでしょう。また、財産が多い場合や、まかせる内容が多いような場合には、複数の任意後見人を選んでおいてもよいでしょう。

18 任意後見契約書は公正証書にする

本人の戸籍謄本や住民票などを用意して公証役場で作成する

■ 公正証書の作成方法と費用について

任意後見制度を利用する場合、任意後見契約を結びますが、任意後見契約書は、必ず**公正証書**で作成しなければなりません。これは契約書を公正証書で作成することを法律で求められているからで、公正証書にしなければ、法的な効力が認められません。

公正証書は、公証役場で公証人が作成します。公正証書は、公証人が法律に従って作成する公文書で、高い証明力を持つものです。

公証人は、原則として30年以上の実務経験を持つ法律実務家の中から任命される他、長年法務に携わっていた人や学識経験をもっている人のうち公証人審査会の選考を経た人が任命されます。原則として公証人は、公証役場で仕事を行っていますが、体力的な理由などで公証役場に本人が出向くことができないような場合には、本人の自宅や入院中の病院などに公証人の方が出向いて公正証書を作成することもあります。

任意後見契約の公正証書を**任意後見契約公正証書**といいます。

また、任意後見契約と同時に見守り契約や財産管理の委任契約などを締結する場合には、その契約も公正証書で作成することができます。

任意後見契約公正証書を作成する場合には、本人の戸籍謄本、住民票、任意後見受任者の住民票が必要です。なお、本人が外国人である場合には、外国人登録証明書が必要になります。また、任意後見受任者が法人の場合には、登記事項証明書が必要になります。これらの書類は、3か月以内に発行されたものであることが必要です。

この他、たとえば実印や印鑑登録証明書、運転免許証やパスポート

178

などの本人と任意後見受任者自身を確認できるものがそれぞれについて必要になります。

公正証書を作成する費用は以下のとおりです。
① 公正証書作成の基本手数料 1万1,000円
② 法務局への登記嘱託手数料 1,400円
③ 法務局に納付する印紙代（収入印紙代）2,600円
④ 書留郵便の料金 約540円
⑤ 用紙代 250円×枚数分

任意後見契約と同時に委任契約などを結ぶ場合にはその契約数分の公正証書作成の基本手数料と用紙代などがかかります。

また、任意後見受任者が複数の場合には、本人と各任意後見受任者の間で個別に契約が交わされますから、その契約数分の費用が、別途かかります。ただし、各受任者が共同してのみ後見事務を行う場合は、1つの契約ですみます。

この場合でも、用紙代や郵送料などは人数分かかる場合があるので、詳細については公証役場で尋ねた方がよいでしょう。

● 公正証書の作成の流れ

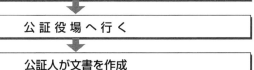

書式 任意後見契約公正証書

任意後見契約公正証書

　本公証人は、当事者の嘱託により、その法律行為に関する陳述の趣旨を録取し、この証書を作成する。

　委任者・被後見人（甲）
　　　　本　　籍
　　　　住　　所
　　　　氏　　名　　　　伊藤　豊
　　　　生年月日
　受任者・後見人（乙）
　　　　住　　所
　　　　氏　　名　　　　伊藤　徹
　　　　生年月日

第1条（契約の趣旨）
　令和〇〇年〇月〇日、甲は乙に対して、任意後見契約に関する法律に基づき、同法第4条第1項所定の要件に該当する状況における甲の財産管理及び療養看護生活に関する事務（以下「後見事務」という）を委任し、乙はこれを受任した。

第2条（契約の発効）
1　前項の契約（以下「本契約」という）は任意後見監督人が選任されたときからその効力を生ずる。
2　本契約締結後、甲が任意後見契約に関する法律第4条第1項所定の要件に該当する状況になり、乙が本契約による後見事務を行うことを相当と認めたときは、乙は家庭裁判所に対し任意後見監督人の選任を請求する。
3　本契約効力発生後における甲と乙との間の法律関係については、任意後見契約に関する法律及び本契約に定めるものの他、民法の規定に従う。

第3条（委任事務の範囲）

1　甲は乙に対し、別紙代理権目録記載の後見事務（以下「本件後見事務」という）を委任し、その事務のための代理権を付与する。

2　乙が本契約に基づいて行う後見事務の対象となる財産は別紙物件目録記載の財産及びその果実とする。

3　本契約の効力発生後に、贈与、相続、遺贈、その他の事由により、甲の財産が増加したときは、その財産も本件後見事務の対象となる。

第4条（身上配慮の責務）

1　乙は、本件後見事務を処理するに当たっては、甲の意思を尊重し、かつ、甲の身上に配慮する。

2　乙は、本件後見事務処理のため、適宜甲と面接し、ヘルパーその他日常生活援助者から甲の生活状況につき報告を求め、主治医その他医療関係者から甲の心身の状態につき説明を受けることなどにより、甲の生活状況及び健康状態の把握に努めるものとする。

第5条（証書等の保管等）

1　乙は、本件後見事務処理に必要な証書類等につき、甲のもとから引渡を受けて保管し、後見事務処理のために、これを使用することができる。

2　本契約の効力発生後、甲以外の者が後見事務処理に要する前条記載の証書類等を占有所持しているときは、乙は、その者に対し、これらのものの引渡を求めて自ら保管することができるものとする。

第6条（費用の負担）

乙の本件後見事務処理に要する費用は甲の負担とし、乙はその管理する本件管理財産からこれを支出することができる。

第7条（報酬）

1　甲は、乙に対し、本契約の効力発生後、本契約に基づく本件後見事務処理に対する報酬として、毎月末日限り金○○万円を支払うものとし、乙は、その管理する本件管理財産からその支出を受けることができる。

2 前項の報酬額が、次の事由により不相当となった場合には、甲及び乙は任意後見監督人と協議の上、これを変更することができる。
一 甲の生活状況又は健康状態の変化
二 経済情勢の変動
三 その他現行報酬額を不相当とする特段の事情の発生

第8条（報告）

1 乙は、3か月毎に、任意後見監督人に対し、本件後見事務に関する次の事項について書面で報告する。
一 本件管理財産の管理状況
二 甲の身上監護につき行った措置
三 費用の支出及び使用状況
四 報酬の収受
2 乙は、任意後見監督人の請求があるときは、いつでも速やかにその求められた事項について報告する。

第9条（契約の解除）

1 任意後見監督人が選任される前においては、甲又は乙は、いつでも公証人の認証を受けた書面によって、本契約を解除することができる。
2 任意後見監督人が選任された後においては、甲又は乙は、正当な事由がある場合に限り、家庭裁判所の許可を得て、本契約を解除することができる。
3 本契約を解除した当事者は、直ちに任意後見契約の終了登記申請手続をする。

第10条（契約の終了）

1 本契約は次の場合に終了する。
一 甲又は乙が死亡もしくは破産したとき
二 乙が後見開始の審判を受けたとき
三 甲が任意後見監督人が選任された後に、後見開始、保佐開始又は補助開始の審判を受けたとき
2 前項第一号の場合、生存当事者又は破産した当事者は、直ちに

任意後見契約終了の登記申請手続をする。

以上

本旨外要件

　　　住　　所
　　　職　　業
　　　委任者　　伊藤　豊　㊞
　上記の者は運転免許証を提出させてその人違いでないことを証明
させた。
　　　住　　所
　　　職　　業
　　　受任者　　伊藤　徹　㊞
　上記の者は運転免許証を提出させてその人違いでないことを証明
させた。
　上記列席者に閲覧させたところ、各自その内容の正確なことを承
認し、下記に署名・押印する。

田中　克彦　㊞

山本　智子　㊞

　この証書は、令和○○年○月○日、本公証役場において作成し、
下記に署名・押印する。

○○県○○市○○町○丁目○番○号

○○法務局所属

公証人　　渡辺　和夫　㊞

　この正本は、令和○○年○月○日、委任者○○○○の請求により
下記本職の役場において作成した。

○○法務局所属

公証人　　渡辺　和夫　㊞

書式　任意後見監督人選任申立書

受付印	任 意 後 見 監 督 人 選 任 申 立 書
	(注意) 登記手数料としての収入印紙は、はらずにそのまま提出する。
	この欄に申立手数料としての収入印紙800円分をはる（はった印紙に押印しない）。

収入印紙	円
予納郵便切手	円
予納収入印紙	円

準口頭　　関連事件番号　平成　　年（家　）第　　　　　　　　　号

| 東 京 家庭裁判所 御中 令和 ◯年 ◯月 ◯日 | 申立人の署名押印又は記名押印 | 吉 田 大 介 ㊞ |

| 添付書類 | (審理のために必要な場合は、追加書類の提出をお願いすることがあります。) ☑ 本人の戸籍謄本（全部事項証明書）　　☑ 任意後見契約公正証書の写し ☑ 本人の後見登記事項証明書　　　　　☑ 本人の診断書（家庭裁判所が定める様式のもの） ☑ 本人の財産に関する資料　　　　　　☑ 任意後見監督人候補者の住民票又は戸籍附票 □　　　　　　　　　　　　　　　　（候補者を立てていただく取扱いの場合のみ必要です） |

申立人	住所	〒 000-0000　　　　　　　電話　03（××××）×××× 東京都中野区××◯丁目◯番◯号　　　　（　　　　方）
	フリガナ 氏名	ヨシ　ダ　ダイ　スケ 吉　田　大　介	大正 ㊝昭和 平成　◯年 ◯月 ◯日生
	職業	会社員
	本人との関係	※ 1 本人　2 配偶者　㊂ 四親等内の親族（　本人の長男　） 　 4 任意後見受任者　5 その他（　　　　　　）

本人	本籍	東京 ㊝都 道 府県　新宿区××◯丁目◯番地
	住所	〒　-　　　　　　　　　　電話　（　）　　 申立人の住所と同じ（方）
	フリガナ 氏名	ヨシ　ダ　イサム 吉　田　勇	大正 ㊝昭和 平成　◯年 ◯月 ◯日生
	職業	無職

(注)　太わくの中だけ記入してください。　※の部分は、当てはまる番号を◯で囲み、3又は5を選んだ場合には、（　　　）内に具体的に記入してください。

任後監督 (1/2)

184

申　立　て　の　趣　旨
任意後見監督人の選任を求める。

申　立　て　の　理　由

（申立ての理由，本人の生活状況などを具体的に記入してください。）

１．本人は長年にわたって自己の所有するアパートの管理を行ってお

り、令和○年○月○日に乙山一郎弁護士との間で任意後見契約を結ん

だ。その後、認知症の症状が進み、アパートの家賃の徴収や賃貸借契

約等を一人で行うことができなくなったので、本件を申し立てた。

２．本人は、申立人夫婦らと同居しており、日中は自宅で過ごすこと

が多い。また、週に１回、○○病院に通院している。

　病院への送迎や食事、身の回りの世話などは申立人の妻が行って

いる。

任意後見契約	公正証書を作成した公証人の所属	東京 法務局	証書番号 令和○年 第○○○○号		
	証書作成年月日 令和○年○月○日		登記番号 第○○○○－○○○○号		
任意後見受任者	住　所	〒000-0000 東京都港区××○丁目○番○号		電話○○（××××）×××× （方 　　　　）	
	フリガナ 氏　名	オツ ヤマ イチ ロウ 乙　山　一　郎		大正 昭和 ○年 ○月 ○日生 平成	
	職　業	弁護士	本人との関係		
	勤務先	東京都港区××○丁目○番○号	電話○○（××××）××××		

（注）　太わくの中だけ記入してください。

任後監督（2/2）

19 任意後見監督人について知っておこう

任意後見人を監督するために必ず選任しなければならない

■任意後見監督人は必ず選任する

任意後見制度で任意後見人を監督する人のことを任意後見監督人といいます。任意後見契約では、任意後見監督人が選任されなければ、任意後見契約の効力は生じないしくみになっています。

任意後見制度における任意後見監督人は、任意後見制度を利用する本人の安全を図るという点で非常に大きな役割を果たしています。成年後見監督人等の選任が任意である法定後見制度とは、この点で大きく異なります。

任意後見制度では、本人と任意後見受任者との間で事前に任意後見契約が結ばれます。そして、任意後見契約の内容を実行すべきタイミング（本人の判断能力の低下など）が来ると、任意後見受任者などによって、家庭裁判所に任意後見監督人選任の審判の申立てがなされます。このとき、本人以外が申立人となっている場合で、本人の意思表示が可能であるときは、本人の同意を得ておく必要があります。

申立てを受けた家庭裁判所は、候補者が任意後見監督人としてふさわしいかどうかを成年後見人等や成年後見監督人等の場合と同じような基準で判断します。ただし、任意後見監督人は、その仕事内容の重要性から、本人の親族等ではなく、弁護士・司法書士・社会福祉士などの専門職の第三者が選ばれることが多いようです。任意後見受任者に近い親族や、本人に対して訴訟をした者、破産者で復権していない者などは、任意後見監督人になることが認められていません。

なお、成年後見監督人等と同様、法人でも複数の人でも、任意後見監督人になることができます。複数の任意後見監督人が選任された場

合には、各人の役割を分担するか共同して行うかをあらかじめ家庭裁
判所が定めることになっています。

任意後見監督人の仕事とは

　任意後見監督人の職務のメインは、任意後見契約で定められた後見
事務の内容を任意後見人が適切に行っているかどうかを監督すること
です。任意後見監督人は任意後見人の仕事の状況を把握するために、
任意後見人の職務内容や遂行状況についての報告を求めることができ
ます。任意後見人の仕事の状況や本人の財産状況について、調査する
こともできます。

　任意後見人の職務内容に本人の財産管理が含まれている場合には、
その財産管理の状況について厳重にチェックを行います。具体的には、
支出の内容や計算状況まで調べます。

　任意後見人が死亡したり病気や不在といった事情で後見事務を行え
ない状況になった場合、任意後見監督人は任意後見人に与えられた代
理権の範囲内で必要な法律行為を行います。

　任意後見人の不正な行為を見つけた場合や、任意後見人に著しい不
行跡があった場合（任意後見人としての行為が著しく不適格である場
合）、任意後見監督人は家庭裁判所に任意後見人の解任を申し立てる

● 任意後見監督人の仕事内容

> ・任意後見人の仕事ぶりのチェック
> ・財産管理の状況のチェック
> ・チェックした内容を家庭裁判所に報告
> ・（任意後見人が不適任であると判断した場合）
> 　任意後見人の解任の申立て
> ・（任意後見人が仕事を行えない場合）
> 　代理して任意後見人の職務を遂行

第3章　成年後見制度のしくみ

187

ことができます。この他、任意後見人が権限を濫用している場合、財産の管理方法が不適当であった場合、任務を怠った場合にも、解任の申立てができます。

任意後見契約が終了した場合、本来の任意後見監督人の職務を行う根拠となる任意後見契約が終了しているため、任意後見監督人もその任を解かれます。しかし、任意後見契約終了時に本人の保護が必要な場合には、新たな任意後見契約による任意後見か、法定後見が開始されるまでは、任意後見監督人が本人の保護や支援を行うのが妥当であるとされています。

任意後見監督人の辞任・解任

任意後見監督人は、任意後見制度を利用する上で非常に重要な役割を果たしているため、勝手に辞任することができません。ただし、正当な事情や理由がある場合には家庭裁判所が辞任を許可します。

正当な事情や理由とは、たとえば、遠隔地に転勤したような場合や、高齢になったり病気になって任意後見監督人の職務を行うことが難しくなった場合などです。家庭裁判所の許可があれば、任意後見監督人を辞任することができます。また、任意後見監督人が解任される場合もあります。任意後見監督人が解任される場合は、任意後見人が解任される場合と同様の理由によります。

任意後見監督人の解任の申立ては、本人、本人の親族、検察官の他、家庭裁判所が職権で行うこともできます。

● 任意後見監督人の選任と辞任

	任意後見監督人の進退	基　準
選　任	必須	本人との利害関係の有無・適性の有無
辞　任	許可が必要	正当な事由の有無

20 任意後見はどんな場合に終了するのか

当事者の死亡や解任などの事情により終了する

■ 任意後見契約の終了

任意後見契約は、任意後見契約の解除、任意後見人の解任、本人について法定後見の開始、本人の死亡、任意後見人の死亡などにより、終了します。

任意後見契約は、通常の委任契約であれば、当事者の一方の申し出によって、あるいは両者の合意によって、いつでも解除することができますが、任意後見契約の解除の場合には、いくつかの条件を満たした場合にはじめて解除することができます。

任意後見契約では、任意後見監督人が選任される前に解除する場合と後に解除する場合とで、条件が異なります。

任意後見監督人が選任される前に解除する場合には、本人か任意後見受任者のどちらからでも解除することができます。解除を申し入れる場合、公証人の認証を受けた解除通知書（191ページ）を相手に送る必要があります。送る際には、内容証明郵便を使うとよいでしょう。

認証とは、署名や署名押印、記名押印が本人のものであることを公証人が証明することです。認証を受けた書面は、作成者（作成名義人）の意思に基づいて作成されたことが推定されます。双方が同意して解除する場合にも、公証人の認証を受けた合意解除書が必要です。

任意後見監督人選任後に解除する場合は、解除するのに正当な理由や事情がある場合に限って、家庭裁判所の許可を受け、解除することができます。たとえば、本人と任意後見人間の信頼関係が破たんしている場合や、転居によって任意後見人が仕事をすることができなくなった場合、任意後見人の心身の状態が仕事をすることができない状

第3章　成年後見制度のしくみ

189

態になった場合などです。任意後見人の仕事ぶりから、契約違反や違法行為があったような場合も解除の原因となります。このような事情がない場合、自由に解除を申し出ることはできません。

■ 任意後見人の解任

任意後見人を解任する場合は、本人や本人の配偶者や親族、任意後見監督人、検察官の請求を受けた家庭裁判所が行います。任意後見人がその職務を行うにはふさわしくないと判断された場合に任意後見人は解任されます。

■ 本人について法定後見の開始

本人の法定後見が開始された場合についてですが、通常は任意後見契約が結ばれている場合には、法定後見は開始されません。例外として、法定後見を開始することが本人のために必要だと判断された場合に、法定後見開始の申立てがなされます。申立てを受けた家庭裁判所が法定後見を開始する必要があると判断した場合には、法定後見開始の審判が行われます。

■ 本人の死亡、任意後見人の死亡

本人や任意後見人が死亡した場合には、いずれの場合にも任意後見契約を続けることはできませんから、契約は終了となります。この他、任意後見人が破産手続開始決定を受けた場合や、任意後見人自身が後見開始の審判を受けた場合にも、任意後見契約は終了します。

任意後見契約が終了しても本人の支援を必要とする場合には、法定後見を利用するか、本人に判断能力がある場合には任意後見契約を新たに結び直すことになります。

書式　解除通知書（任意後見監督人選任前）

解除通知書

　貴殿を任意後見受任者、私を委任者（本人）とする令和○年○月○日付任意後見契約公正証書（○○法務局所属公証人○○○○作成、令和○年第○○○号）による任意後見契約は、本日、解除しますので、この旨ご通知します。

令和○年○月○日
東京都○○区○○町○丁目○番○号
　　○○○○　殿

　　　　　　　　　　　　東京都○○区○○町○丁目○番○号
　　　　　　　　　　　　　　　　　　○○○○　㊞

書式　解除通知書（任意後見監督人選任後）

解除通知書

　貴殿を任意後見受任者、私を委任者（本人）とする令和○年○月○日付任意後見契約公正証書（○○法務局所属公証人○○○○作成、令和○年第○○○号）による任意後見契約は、令和○年○月○日、○○家庭裁判所の許可を得たので、本通知書をもって解除します。
　なお、解除の許可の審判の謄本と確定証明書は、別便の書留郵便にて送付しましたので、ご査収下さい。
　以上、ご通知します。

令和○年○月○日
東京都○○区○○町○丁目○番○号
　　○○○○　殿

　　　　　　　　　　　　東京都○○区○○町○丁目○番○号
　　　　　　　　　　　　　　　　　　○○○○　㊞

Column

成年後見とセットで信託を活用する

　近年、障害者の生活や財産の管理について、成年後見と信託をセットで活用することが注目されています。たとえば、父親・母親に子どもが１人、その子どもが重い障害があるという例で考えてみましょう。障害がある子どもの世話は、親がしていましたが、親も高齢となると子どもの世話をすることが難しくなります。その場合に、子どもに成年後見人をつけることで、子どもの財産管理や身上監護をまかせることができます。

　また、この父親が不動産などの財産を有していたとします。このとき、信託を活用することが考えられます。もし、父親が認知症などを患い、財産の管理をすることができなくなったとき、信託を活用していれば、受託者が不動産の管理などをします。信託の利点は、自らの死亡後の財産の受益者についても、自らの望むように指定できる点です。たとえば、父親が亡くなった後の受益者は妻と子ども、妻が亡くなった後は子ども、そして、子どもが亡くなった後は障害者施設へと移行することができます。

　成年後見と信託をセットで活用することで、互いの制度が持っている弱点を補うことができます。成年後見は、財産の管理などを任せる成年後見人について、父親・母親が選任されるとは限りません。家庭裁判所により、弁護士や司法書士などの専門家が選任されるケースの方が多く、父親・母親の望むような形式で、財産が管理される保証はありません。また、財産の管理に関して、家庭裁判所の関与する度合いも高く、任意の委託者を選択できる信託の方が、財産管理の自由度は高いといえます。一方で、信託は、信託財産を特定する必要がありますので、受託者にすべての財産を管理する権限は認められません。これに対して、成年後見の場合は、すべての財産が管理の対象になるという利点があります。

第4章

さまざまな財産管理等委任契約のしくみ

1 見守り契約について知っておこう

任意後見開始までの間、定期的に連絡をとる契約のこと

■ 見守り契約とは

　任意後見制度が始まるまでの間、支援する人と本人が定期的に連絡をとる契約を一般に見守り契約といいます。

　任意後見制度を利用する場合、判断能力がある時に支援してくれる人との間で任意後見契約を交わしますが、実際に任意後見が開始するのは、本人の判断能力が衰えてからになります。場合によっては契約をしてから数十年顔を合わせないような状況もあり得ます。そのような状態で判断能力が不十分になったとしても、支援してもらえる人が任意後見人になれないような状況になっていたり、行方がわからなくなっている可能性があります。せっかく将来を見越して依頼する内容などを決めておいたのに、ムダになってしまった、ということを避けるためには、定期的に本人と支援する人が連絡をとる見守り契約を結ぶことは、非常に有効です。見守り契約を結び、定期的に連絡をとっておくと、たとえば任意後見を開始する時期について相談でき、また、任意後見を開始させるタイミングを図ってもらえるといったメリットがあります。見守り契約は、任意後見契約を結ぶときにいっしょに契約しておくとよいでしょう。

　見守り契約の書式や内容は、自由に決めることができますが、おもに契約の目的や本人と支援する人の面談や連絡についての詳細、支援する人の義務などを記載します。

　任意後見契約の効力が生じるまでの期間に支援する人が本人のもとに赴くなど、見守り契約を結んで定期的に連絡をとることなども具体的に記載します。このように、定期的な連絡をとることで本人の生活

や健康状態を把握し、見守ることが見守り契約の目的です。

連絡の具体的な取り決めは、たとえば数か月に１回程度電話連絡を行ったり、３か月～半年に一度の面談などといった具合に、定めておいた方がよいでしょう。本人の状況を見守れる程度の頻度を保ちながら、本人の負担にならないように配慮する必要があります。支援する人はただ見守るだけではいけません。見守りながら本人との信頼関係を築きつつ、任意後見開始のタイミングを見極めなければなりません。

見守り契約の作成ポイント

見守り契約で定める内容は、本人の必要に合わせて、柔軟に定めることができます。

契約内容は、当事者の合意があれば、いつでも変更することができますから、本人の生活環境や心身の状態などが変化した場合には、その都度契約内容を見直すようにするとよいでしょう。

● 任意後見契約後も定期的な連絡をする

見守り契約を締結した場合

見守り契約を締結しなかった場合

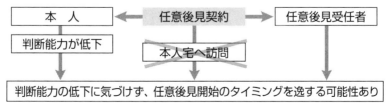

195

見守り契約で定める基本的な事項としては、①目的、②連絡・面談、③見守り義務、④報酬などが挙げられます。

　目的では、任意後見契約の効力が生じるまでの間、本人と支援者が定期的に連絡をとり、面談を行うことによって、本人と支援者の間の意思疎通を確保することを記載します。また、支援者が本人の生活状況や心身の状態を把握して、その暮らしを見守ることも記載します。

　連絡・面談では、その具体的な頻度や方法などを定めます。本人・支援者のどちらから連絡を入れるか、面談場所はどこにするか、など、当事者双方にとって負担が重くならない方法を選択しましょう。見守り体制に不備が生じないよう、確実に連絡・面談が実施される環境を整備することも重要です。なお、見守り契約の報酬は、年払いであることが多いようです。

● **見守り契約の活用**

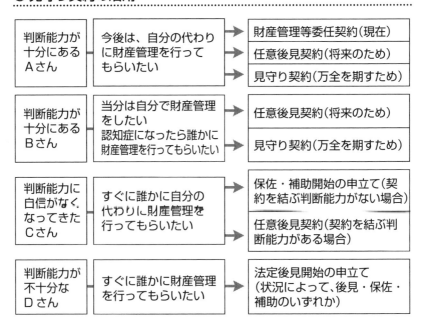

書式　見守り契約書

見守り契約書

　委任者伊藤豊（以下「甲」という）と受任者伊藤徹（以下「乙」という）とは、令和○○年第○○号公正証書によって締結した任意後見契約（以下「本任意後見契約」という）について、次のとおり見守り契約（以下「本契約」という）を締結した。

第1条（目　的）　本契約は、本任意後見契約の効力が生じるまでの間、定期的な連絡・面談等が実施されることによって、甲乙間の意思疎通を確保するとともに、乙が甲の生活状況及び心身の状態を把握しつつ、甲が地域社会において安心して暮らせるように見守ることを目的とする。

第2条（契約期間）　本契約の契約期間は、契約締結の日から1年間とする。

2　契約期間満了の30日前までに、甲又は乙が相手方に対し何らの意思表示もしないときは、本契約は同一条件でさらに1年間更新されるものとし、以後も同様とする。

第3条（連絡・面談等）　本契約期間中、乙は甲に対し、定期的に連絡し、また面談等を行うことにより、甲の生活状況及び心身の状態の把握に努めるものとする。

2　前項の連絡は、乙が甲に対し、毎月1回以上、架電することにより行うものとする。

3　第1項の面談は、3か月に1回以上、乙が甲の住居を訪問することによって行うものとする。なお、具体的な面談日・時間等は、甲と乙が協議してその都度適宜定める。

4　乙は、前項に定める面談日以外の日であっても、乙が必要と認めた場合又は甲の要請があった場合には、随時面談を行う。

5　本条に定める面談及び訪問は、次条に定める事務を行うことを
　　目的としたものである。甲は、当該面談及び訪問が、身辺の世話
　　や買い物の手伝い等のためのものでないことを承知する。

第4条（見守りの内容）　乙は、甲との連絡・面談等を通じて甲の
　　様子の変化を見守り、甲の事理弁識能力の状態について、常に配
　　慮しなければならない。乙は、甲の事理弁識能力が不十分な状態
　　であり、後見事務を行うことが相当であると判断した場合には、
　　速やかに家庭裁判所に対して本任意後見契約に基づく任意後見監
　　督人選任の申立てをしなければならない。

2　乙は、甲の身上面について十分配慮しなけれならない。乙は、
　　甲の健康状態等を維持・向上するため、医療サービス、介護・福
　　祉サービス等を受ける必要があると認めた場合には、適宜関係機
　　関に対応措置の要請を行うものとする。

3　前項の場合、乙は、関係機関に対し、対応措置に必要と認める
　　範囲で甲の個人情報を含む一切の情報を提供することができるも
　　のとする。

第5条（報　酬）　甲は乙に対し、本契約に対する報酬として、月額
　　○○円を支払うものとする。ただし、支払いは年に一度行うもの
　　とし、毎年契約月に前月分までの報酬を合算した額を乙に手渡し
　　することで行うものとする。

第6条（費用負担）　本契約の締結及び実施に要する費用は、甲が
　　負担する。

第7条（秘密保持）　乙は、第4条第2項の場合を除き、甲の承諾
　　を得ないで本契約を通じて知り得た甲の個人情報及び秘密等を開
　　示又は遺漏してはならない。

第8条（解約）　甲又は乙は、30日の予告期間をもって、本契約を
　　解除することができる。

第9条（契約の終了）　本契約は、次の事由により終了する。

⑴　甲又は乙が死亡したとき

⑵　甲又は乙が破産手続開始の決定を受けたとき

⑶　甲が後見開始・保佐開始・補助開始の審判を受けたとき

⑷　乙が後見開始の審判を受けたとき

⑸　本任意後見契約が解除されたとき

⑹　本任意後見契約に基づく任意後見監督人選任の審判が確定したとき

　以上の契約の成立を証するため、本契約書2通を作成し、甲乙各自署名の上、甲乙各自1通を所持する。

令和○○年○月○日

　　　　　　　　　（甲）住　所　東京都○○区△△×丁目×番×号
　　　　　　　　　　　　氏　名　伊藤　豊　　㊞

　　　　　　　　　（乙）住　所　東京都○○区□□×丁目×番×号
　　　　　　　　　　　　氏　名　伊藤　徹　　㊞

2 財産管理等委任契約について 知っておこう

財産の管理を頼みたい場合に結ぶ契約のこと

■ 任意代理契約とは

　判断能力が衰える前から、財産管理などを信頼できる人にまかせたい場合には、自分にかわって財産を管理してもらうように財産管理等委任契約を結びます。まかせる人に代理権を与えることから、任意代理契約と呼ばれることもあります。代理権には、法定後見のように法律によって生じる法定代理がありますが、このような委任契約などによって生じる任意代理もあります。任意代理契約では、財産管理の他に身上監護の事務をまかせる契約を結ぶことができます。任意代理契約も、任意後見契約と同時に結ぶことができます。

　任意後見契約は、判断能力があるときに契約を結んでおいて、実際に判断能力が低下したときに開始するものですから、本人の判断能力があるうちは、利用することができません。

　一方、任意代理契約は、任意後見が開始するまでの期間も本人を支援してもらうために結ぶことができる契約です。このような違いの他に、任意後見と任意代理では以下の点で異なります。

　任意後見契約の場合、公正証書を作成しなければなりませんが、任意代理契約の契約書は、公正証書である必要はありません。また、任意後見の場合には、支援する人を監督する任意後見監督人が必ずつきますが、任意代理契約の場合には特別に定めなければつきません。

　さらに、本人の判断能力については、不十分になった場合に開始する任意後見と比べて、任意代理契約の場合には不十分でない場合にも効果を生じさせることができます。なお、任意代理契約も任意後見契約も、契約を結ぶ時点では本人の判断能力が必要になります。

任意後見の対象となる人は、判断能力が不十分な人に限られるため、知的障害者は利用できますが、身体障害者は利用することができません。一方、任意代理契約を結ぶには判断能力が必要ですから、身体障害者は契約できますが、知的障害者は契約できません。

　このように、判断能力が低下して初めて開始する成年後見制度に先立って、判断能力が低下する前から自分の財産管理を支援する人にまかせたい場合や、身体に障害があり、財産管理を誰かに代理して行ってもらいたい場合には、任意代理契約を結ぶとよいでしょう。

■ 公正証書で作成するのが安全

　財産管理を頼む相手が決まったら、受任者に依頼する項目や付与する権限を定める財産管理等委任契約を締結することになります。契約書は当事者間で自由に作成することもできますが、法律の専門家である公証人に作成してもらうことで後々のトラブルを防ぐことが可能になります。公正証書の作成手続は、以下の流れで行うことになります。

① 受任者に依頼する内容を決定する

　公証役場には、財産管理等委任契約書のひな型がおいてあります。このひな型を参考にして、権限を与えすぎるような項目を削除・修正し、足りない項目を加えます。このように、必要なものか不要なものかを取捨選択した上で、自分の状況にあった契約内容を決定します。

② 本人を確認できる資料が必要

　運転免許証、パスポート、顔写真付きの住民基本台帳カードのいずれかと認印、または交付後３か月以内の印鑑証明書と実印が必要です。

③ 公証人に相談する

　事前に電話で連絡した上で、公正証書による契約書作成日を予約しておくとよいでしょう。依頼を受けた公証人が作成した契約書の原案を確認し、修正があれば修正を依頼します。確認を終えたら、当事者が公証役場に出向き、公証人が公正証書による契約書を作成します。

書式　財産管理等委任契約書

財産管理等委任契約書

第1条（契約の目的）
　委任者（以下「甲」という）は受任者（以下「乙」という）に対して、甲の財産の管理に関する事務を委任し、乙はこれを受任する。

第2条（委任事務の範囲）
　甲は、乙に対して以下に記載する事務（以下、本件委任事務という）を委任し、その事務処理のために代理権を付与する。
　① 甲の全財産の管理、保存
　② 金融機関との間で行われる預貯金の管理、口座の変更・解約
　③ 甲の経営する不動産事業につき、定期的な収入（家賃、その他の給付等）の受領
　④ 市区町村をはじめとする行政官庁への手続きの一切

第3条（委任事務についての報告）
1　乙は、本件委任事務を処理するにあたり、事務処理日誌、財産目録その他必要な書類を作成することとする。
2　乙は、甲に対して1か月ごとに本件委任事務の処理の状況につき、前項記載の書類を提出することとする。
3　甲は、乙に対して、いつでも本件委任事務処理の状況につき、報告を要求することができる。

第4条（費用の負担）
　本件委任事務の処理の際に必要となる費用については、甲が負担するものとする。

第5条（報酬）
　甲は、乙に対して、本件委任事務処理の対価として月額3万円を支払うものとする。

第6条（契約の解除）
　甲及び乙は、いつでも本件委任契約を解除することができる。

第7条（契約の終了）
　本件委任契約は、甲又は乙に以下の事項が生じた時に終了する。
　① 甲又は乙が死亡し、又は破産手続開始の決定を受けた時
　② 乙が成年後見開始の審判を受けた時

3 死後事務委任契約について知っておこう

自分の死後について、相続以外にも決めておくべきことは多い

■ 死後に生じる事務に備える

　万全な準備の総仕上げとして、自分の死後についても考える必要があります。死後、亡くなったことを親族や友人などに伝え、必要な手続き・届出を行ってくれる人は誰なのでしょうか。「死後」と言うと、すぐに相続を思い浮かべがちですが、その他にも自分の死後に必要となる事務（死後事務）は意外に多いものです。それを見越して準備しておくことは、残された人への思いやりともいえます。おもな死後事務には204ページの図に記載するものがあります。

■ 死後事務委任契約とは

　自分の死後に生じるさまざまな手続を第三者に行ってもらうように定める契約を死後事務委任契約といいます。これは原則として自由に内容を定めることができる契約で、委任契約の一種です。本来委任契約は、契約当事者の一方が死亡すると終了しますが、死後事務委任契約の場合は、本人が死亡した場合に受任者が行うべきことを定めておくことができます。

　死後事務委任契約の結び方は大きく2つに分かれます。一つは、単独で契約する場合です。受任者との間で自分の死後の事務についての契約を結ぶことになりますが、契約書については財産管理等委任契約と同様、契約内容の原案（205ページ）を作成した後、公正証書で作成するようにしましょう。公正証書のサンプルについては、任意後見契約公正証書（180ページ）を参考にしてください。

　一方、財産管理等委任契約の特約事項として、死後事務委任契約を

203

含める方法も考えられます。この場合、財産管理等委任契約の受任者に、死後事務についても依頼することになります。信頼できる相手として選んだ人に死後事務もまかせたい場合、この特約事項で定める方法をとると、契約関係も複雑にならずにすみます。

■ 契約を結ぶときに気をつけなければならない点とは

　自分の死後も関係者ができるだけスムーズに動けるように、事前に準備できるものについては、文書等に残しておくようにします。たとえば、死亡の連絡を行う相手についても、事前にリストアップしておくと、受任者はすばやく動けます。

　葬儀についての希望がある場合は、喪主となる人と相談しておくのが理想的です。家財道具や生活用品などについても日頃から整理するよう心がけ、自分の死後に処分してほしいものについては連絡先と同様、リストアップしておくとよいでしょう。パソコンや携帯電話などさまざまな情報が入っている機器の扱いについても、忘れずに破棄処分の指示をしておきましょう。

● おもな死後事務の種類

・死亡の連絡（親族・知人等の関係者）
・役所への届出や加入団体等への退会届出
・葬儀の準備・手続きなど、お墓の準備（納骨、埋葬など）、永代供養の手続き
・医療費の清算
・介護施設・老人ホームへの支払い、その他の債務の弁済
・遺品の整理・処分とそれについて必要になる費用の支払

204

書式　死後事務委任契約書

死後事務委任契約書

　委任者北山太郎（以下「甲」という）は、受任者南川正司（以下「乙」という）に対し、甲の死亡後における事務を委任し、乙はこれを受任する。

第１条　甲は、乙に対し、甲の死亡後における次の事務（以下「本件死亡事務」という）を委任する。
　(1)　親族や関係者への連絡
　(2)　葬儀、納骨、埋葬、永代供養
　(3)　医療費・施設利用料など一切の債務弁済事務
　(4)　家財道具・生活用品などの整理・処分
　(5)　行政機関などへの手続き
　(6)　上記(1)から(5)までの事務に関する費用の支払い等

第２条　甲は、乙に対し、前条の事務処理をするにあたり、乙が復代理人を選任することを承諾する。

第３条　第１条第１項の親族および関係者は下記のとおりとし、乙は、甲の死後直ちに連絡する。
　(1)　親族
　　①　妹　　北山　恵理
　　②　従弟　東島　四郎
　(2)　関係者
　　①　株式会社ノースマウンテン　総務課
　　②　北丸子町内会　会長　西林　次郎

第４条　第１条第２項の葬儀は、北丸子ホールにて行い、納骨は丸子寺に依頼する。
２　前項に要する費用は、金300万円を上限とする。

第5条　第1条第3項の債務の弁済にあたっては、それぞれの契約に従って行う。

第6条　第1条第4項の家財道具・生活用品などの整理・処分にあたっては、第3条第1項の親族に形見分けを行い、残余のものについては、乙において処分する。

第7条　行政機関などへの手続きは、法律の定めるところにより行う。

第8条　乙が、第2条から第7条に定める事務を行うにあたり必要な費用に充当するため、甲は乙に1000万円預託する。

2　乙は、第2条から第7条に定める事務を行うにあたり必要な費用を預託金より使用するとともに帳簿に記録し、すべての事務が終了した後、甲の親族に報告する。

3　すべての事務の終了後、第1項の預託金に余りがあるときは、甲の相続財産として、甲の親族に返還するものとし、不足を生じたときは甲の親族に請求する。

第9条　甲は、乙に本契約に基づく事務委任の報酬として、金30万円を支払う。

令和○○年○月○日

　　　　　　　甲　　東京都大田区北丸子二丁目25番17号

　　　　　　　　　　北山　太郎　㊞

　　　　　　　乙　　東京都大田区中丸子一丁目11番8号

　　　　　　　　　　南川　正司　㊞

4 生前契約について知っておこう

自分の葬儀も自分で決めたい人という人におすすめ

■生前契約について

　生前契約とは、本人が生前のうちに、葬儀の予算や内容、所持品の処分方法など死後の事務について、引き受けてくれる専門の事業者と契約しておくことをいいます。この契約を締結しておくと、より確実に自分の遺志どおりの葬儀や死後事務を行ってもらうことができます。

　生前契約を締結する際には、まず自分が死んだ後に何をどのようにしてもらいたいかということをシミュレーションしてみることが必要です。その内容はどんなことでもかまいませんし、いくつ考えても自由です。例としては、次のようなことが挙げられます。

① 誰にどういう形で自分の死を知らせるか

　死んだ直後に知らせるのか、葬儀が終わってから知らせるのか、電話か、手紙か、はがきかなど

② 葬儀の方法や規模はどうするか

　葬儀をする、しない、する場合様式（仏式、神式、キリスト教式、無宗教など）、規模（密葬、家族葬、直葬など）など

③ 遺骨の取扱いはどのようにしたいか

　墓、寺などの納骨堂、散骨、仏壇などでの保管など

④ 所有物はどのような形で処分するか

　すべて廃棄するか、形見分けするか、売却するかなど

⑤ 財産は誰に相続してほしいか

　どの財産を誰に相続させるか、相続をさせたくない者はいるか、寄附をするかなど

⑥ 祭祀を誰にまかせるのか

墓や仏壇を誰に祀ってもらうか、一周忌・三回忌などの法事はしてほしいかなど

ある程度イメージが固まったら、具体的な希望を検討し、必要に応じて葬祭業者や遺品整理業者、行政書士、弁護士、司法書士、NPO法人など生前契約を取り扱っている事業者に相談・契約します。

■生前契約はどのように履行されるのか

契約は、当時者間の合意によって成立し、契約書に記載された期日に履行されます。生前契約も同様に履行されるはずなのですが、生前契約の場合、履行の時期が「依頼者の判断力が認知症などで低下したとき」「依頼者が死亡したとき」など、どうしても不確実になります。しかも、依頼者には確実に契約が履行されたかどうかを確認することができないという不安要素があります。このため、生前契約は公正証書によって締結するのが一般的です。まずは、契約内容の原案を作成し、公証役場で契約書を公正証書にしてもらいましょう。さらに、葬儀に関する契約や財産管理の委任契約を公正証書として締結するとともに、公正証書遺言を作成しておくと、遺言執行者が葬儀事業者や財産管理事業者に契約を実行するよう指示をするという形がとれるので、より確実に契約を履行してもらえるようになります。

生前契約の費用は契約の内容や、選択したサービスによってさまざまで、一概にはいえません。たとえば葬儀の場合には、祭壇や棺のランク、遺体搬送の費用、会食の費用など細々とメニューがあります。

これらに加え、生前契約の場合、いつ履行になるかわからないという特殊性から、入会金として契約時に数万円から数十万円、管理費、維持費などの名目で月に数千から数万円単位の費用がかかることがあります。管理費や維持費などの費用については、契約期間が長くなればその分、金額がかさんでくるわけですから、決して安いものではないと覚悟しておくべきでしょう。

書式　生前契約書

生前契約書

　北山太郎（以下「甲」という）と株式会社北丸子葬儀社（以下「乙」という）とは、甲の死亡後における葬儀他の諸手続きについて以下のとおり契約を締結する。

第1条　甲は、乙に対し、甲の死亡後における次の事務を委任、乙はこれを受諾する。
　(1)　親族や関係者への連絡
　(2)　葬儀の手続き
　(3)　納骨、埋葬、永代供養の手続き
　(4)　賃貸住居の退去手続き
　(5)　一切の債務弁済事務
　(6)　行政機関などへの手続き
　(7)　上記(1)から(6)までの事務に関する費用の支払い等

第2条　乙は、本契約の事務については、乙自身もしくは、乙に雇用された者のみが行い、第三者に再委任しない。

第3条　乙は、甲の死後すみやかに以下に記載する甲の親族に連絡する。
　　①　弟　北山三郎
　　②　妹　西湖花子

2　乙は、甲の親族に対し、甲が遺言書を遺した旨を説明し、公正証書遺言の執行について助言をする。

第4条　前条の他、乙は別表のリストの関係者に連絡をし、通夜、告別式の案内をする。

第5条　乙は、甲の通夜、告別式を北丸子ホールにて仏式にて行い、丸子寺の僧侶に読経を依頼する。

第6条　前条の他、乙は、甲の通夜、告別式の一切の手配を行う。なお、弔辞は、学生時代からの親友である南島良一に依頼する。

第7条　乙は、甲の遺骨を丸子寺に納骨し、永代供養の手続きをする。

2　戒名については、丸子寺の僧侶に、「技」の文字を入れて名づけるよう依頼する。

第8条　乙は、甲の住居にある家財道具・生活用品などを処分し、甲が賃借していた住居を貸主に明け渡し、賃貸借契約を終了させる。

第9条　乙は、甲の死後、甲の財産を調査し、甲に債務があるときは、すべての債務につき甲の財産よりその返済を行う。

第10条　乙は、甲の死亡届他、法律の定めるところにより、行政機関に対し必要な手続きを行う。

第11条　乙は、本契約に必要な費用を事前に見積もり、甲はその金額を乙に支払う。なお、その金額に不足があるときは、甲の相続人に対して請求し、残余があるときは、甲の相続人に対して返還する。

第12条　甲は、乙に本契約に基づく通夜、告別式の実施、ならびに諸手続きの手数料として、金500万円を支払う。

令和○○年○月○日

　　　　　　　甲　　　東京都大田区北丸子二丁目25番17号
　　　　　　　　　　　　北山　太郎　㊞
　　　　　　　乙　　　東京都世田谷区玉川台三丁目1番5号
　　　　　　　　　　　株式会社北丸子葬儀社
　　　　　　　　　　　　代表取締役　東池　二郎　㊞

第5章

将来に備えるための
遺言や相続の知識

1 遺言の種類について知っておこう

公正証書遺言作成のためには費用がかかる

■ 普通方式の遺言には３種類ある

　遺言には、普通方式と特別方式がありますが、一般的には普通方式によることになります。普通方式の遺言は、自分でいつでも自由に作成できます。一方、特別方式の遺言は、「死期が迫った者が遺言をしたいが普通方式によっていたのでは間に合わない」といったケースで認められる遺言です。具体的には、死亡の危急に迫った者の遺言、伝染病隔離者の遺言、在船者の遺言、船舶遭難者の遺言があります。

　普通方式の遺言には、自筆証書遺言、公正証書遺言、秘密証書遺言の３つがあります。実務上、秘密証書遺言はほとんど利用されていません。そのため、遺言書の作成は、自筆証書遺言か公正証書遺言によることになります。

① 自筆証書遺言

　遺言者自身が自筆で遺言の全文・日付・氏名を書き、押印した遺言書です。他人の代筆やパソコンで作成したものは無効です。なお、相続法改正により、自筆証書遺言に添付する相続財産の目録は自筆を要しないことになりました（27 ～ 28ページ）。

② 公正証書遺言

　遺言者が証人２人の立ち会いの下で口述した内容を、公証人が筆記し、遺言者と証人が承認した上で、全員が署名・押印して作成したものです。手続きに不備があると無効になります。

■ 公正証書遺言を作りたいときは

　公正証書とは、公証人という特殊の資格者が、当事者の申立てに基

づいて作成する文書で、一般の文書よりも強い法的効力が認められています。公証人は、裁判官・検察官・弁護士などの法律実務経験者や一定の資格者の中から、法務大臣によって任命されます。

公正証書遺言は、遺言者が公証役場に行き、公証人に対して直接遺言を口述して遺言書を作成してもらいます。公正証書遺言の原本は、原則として作成時から20年間、公証役場で保管されます（実際には遺言者が120歳に達するまで保管する公証役場が多いとされています）。

公正証書遺言の作成は、まず証人2人以上の立会いの下で、遺言者が遺言の趣旨を公証人に口述します。遺言者に言語機能の障害がある場合は、通訳または筆談によって公証人に伝えます。公証人はその口述を筆記し、遺言者と証人に読み聞かせ、または閲覧させます。そして、遺言者と証人は、正確に筆記されていることを承認した上で、署名押印します。このように、公正証書遺言の場合、立ち会った証人に遺言の内容を知られてしまうことになります。この点はあらかじめ注意しておく必要があるでしょう。

最後に、公証人が正しい方式に従った遺言であることを付記して、署名押印します。遺言者が署名できないときは、公証人はそのことを付記して署名に代えることもできます。公正証書遺言に押印する印鑑は実印でなければなりません。

公正証書遺言による場合、遺言者は遺言の主旨を公証人に口述し、署名するだけです。口述するのは遺言の趣旨だけでかまいません。細かいことを全部述べる必要はありませんし、文章になるように述べる必要もありません。

■ 公正証書遺言作成の手続き

公正証書遺言の作成を依頼するときは、まず遺産のリスト、不動産の地番、家屋番号などの必要資料をそろえます。遺言の作成を依頼する時点では、証人の同行は不要です。証人の氏名と住所を伝えるだけ

で大丈夫です。証人となる人は、署名をする日に公証役場に行くだけですが、当日は本人確認書類（免許証や住民票など）と認印を持参しましょう。一般的に公証人は、あらかじめ公正証書の下書きを用意してきますので、当日にはこれを参考にして遺言を作成します。

　完成した公正証書遺言は、公証役場に保管されますが、遺言の正本1通は遺言者に交付されます。また、遺言書を作成した公証役場で請求すれば、必要な通数の謄本をもらうことができます。

■ 公正証書遺言作成にかかる費用と書類

　遺産の金額によって費用が異なりますので、事前に公証役場に電話して確認しましょう。弁護士などの専門家に公正証書遺言の原案の作成を依頼する場合は、遺言の内容や遺言者の財産状況によって費用が変わりますので、これも事前によく確認しましょう。

　そして、以下のように、身分関係や財産関係を証明するための書類を事前に用意しておきましょう。

① **遺言者の本人性を証明する**

　遺言者本人であることを証明するために、原則として、実印と3か月以内に発行された印鑑証明書を用意します。

② **遺言の内容を明らかにする**

　遺言の内容には、相続人、受遺者、相続財産が登場します。それらの存在を証明するための書類も準備しなければなりません。具体的には、相続人や受遺者については、戸籍謄本や住民票を用意します。相続財産については「財産目録」を作成します。とくに不動産については、登記事項証明書を法務局（登記所）で交付してもらうことが必要です。

■ 公正証書遺言作成の際の注意点

　公正証書遺言を作成する際は、以下のように、嘱託先、証人、遺言

内容、遺留分などに注意する必要があります。

① どこの公証人に嘱託するのか

　遺言者自身が公証役場に行き、公正証書遺言を作成してもらう場合には、どこの公証役場の公証人に嘱託してもかまいません。ただ、遺言書の作成を思い立つときには、遺言者の体が自由にならないケースがよくあります。その場合は、自宅や病院まで公証人に出張してもらうことができます。ただし、公証人の出張先は所属する法務局の管内に限定されるため、近くの公証役場に相談することが必要です。

② 証人を用意しておく

　公正証書遺言を作成するには、証人2名が立ち会わなければなりません。証人は本人確認書類と印鑑（認印でよい）を持参します。証人は誰でもなれるわけではなく、未成年者、推定相続人（相続人になるであろう人）とその受遺者に加えて、これらの配偶者や直系血族も証人となることができません。利害関係がなく思慮分別のある成人に遺言の作成を証明してもらうためです。

③ 遺言すべき内容を決定する

　ここでの遺言とは、法律上の身分関係や財産関係に限られます。具

● 公正証書遺言を作成するための資料

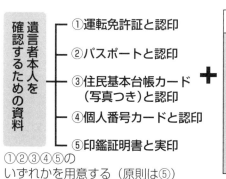

体的には、「誰に何を相続させるか」「遺贈するか」「どのようにして遺産を分割するのか」「誰が遺言を実行するのか」などを内容とします。

④ 「相続させる」という記載

特定の遺産を誰かに譲り渡す場合、その誰かが相続人の中に含まれていれば「相続させる」と表現します。相続人以外の人であれば「遺贈する」と表現します。

たとえば、遺言でＡさんが「六甲の別荘を敷地・建物ともにＢに相続させる」と表現した場合、すべての相続人による遺産分割協議を経ることなく、六甲の別荘は直ちにＢのものになります。「相続させる」という表現により遺産の分割方法を指定したことになるからです。

⑤ 遺留分

兄弟姉妹以外の相続人には、遺留分といって最低限相続できる割合が法律で保障されています。ただ、遺留分を侵害する遺言を行ったとしても遺言自体は有効です。遺留分を侵害された相続人は、遺留分侵害額請求権（相続法改正前の遺留分減殺請求権に相当）を行使して、自らの遺留分を確保できるからです（252ページ）。

もっとも、紛争の火種を残さないように、遺留分に配慮した遺言をしておいた方が無難でしょう。

⑥ 遺言執行者

公正証書遺言の中でも、相続財産を管理し、遺言の執行を行う遺言執行者を指定できます。

■ 死期が迫った者がする遺言

特別方式の遺言は、死期が迫った者が遺言をしたいが普通方式によっていたのでは間に合わない、といった場合などに利用することができます。具体的には、①病気などで死亡の危急に迫ったとき、②伝染病で隔離されているとき、③船舶内にいるとき、④船舶遭難の場合に船中で死亡の危急に迫った場合、の４つがあります。

216

② 遺言書を書くときの注意点について知っておこう

遺言書に書くための用紙や文字は自由である

■ 用紙と使用する文字

　遺言には一定の形式が要求されますが、記載する用紙は自由です。原稿用紙でも、便せんでもメモ用紙でもかまいません。もちろん筆記用具も自由です。原則として、自筆証書遺言では遺言者本人の自筆によりますから、パソコンの入力ソフトなどで作成した遺言は認められません。パソコンの入力ソフトなどの文字は、遺言者自身の意思が読み取りづらく、偽造等も容易であるためです。手書きで署名し、押印しても無効です。自筆した遺言書を写した写真やコピーなども認められません。自筆したものだけが有効な遺言書となります。

　なお、視力を失った人が、他人の助けを得て筆記することは許される場合があります。使用する文字は、法律上規定がないため、漢字、ひらがな、カタカナ、ローマ字すべて有効です。また、方言や家族内での通用語を用いても無効にはなりませんし、速記記号、略符、略号でもよいとされます。しかし、遺言は、一般人が普通に理解できるように心がけて書くべきでしょう。

■ 相続人名簿と財産目録を作る

　遺言書を書くときは人名や遺産の指定を間違えないように注意する必要があります。家屋や土地の所在地や地番の間違いは意外に多いようです。また、人名の書き落としもありがちです。遺言書を作成するときは、必ず相続人名簿と、財産目録も作っておきましょう。

第5章　将来に備えるための遺言や相続の知識

遺言の内容に工夫が必要

遺言の記載内容について疑問がなければ、争いが起こらないかというと、そうでもありません。そのため、遺言の内容について少し工夫が必要です。つまり、なぜそのような相続分の指定にしたか、という根拠を書いておくようにすべきです。自筆証書であれば、遺言書自体にそのことを書いてもかまいませんし、公正証書の場合には別のメモでそれを補うこともできます。

遺言者の意思能力の立証

遺言書があるとともに、それを作成した当時本人が正常な判断能力を有していたことを証拠立てておくことはとても大切なことです。

その方法としては、「本人が自筆の書面を書いておく」「医師の診断を受けて精神状況の診断書をとっておく」などが考えられます。

署名をする

署名は自筆で氏名を書きますが、通称でもかまいません。自筆証書で遺言を作成するには、遺言者本人が日付と氏名を自署し、押印しなければなりません。氏名とは戸籍上の姓名のことですが、本人だと判断できれば名前だけの記載でもかまいません。署名が雅号、芸名、屋号、ペンネームなどであっても、遺言者との同一性が示せるのであれば有効ですが、混乱を生じさせないためには氏名で記載することをおすすめします。

遺言書に押す印鑑はどうする

自筆証書遺言と秘密証書遺言の遺言書の押印は、拇印（指先に朱肉をつけ、指を印の代わりにして指紋を残すこと）でもよいと考えられていますが、被相続人本人のものかどうかの判読が難しいため、できれば実印を押しておくべきでしょう。

遺言者の死後、遺言書に押印がないのを知った相続人などが後から印鑑を押すと、遺言書を偽造・変造したとみなされます。印鑑を押した人は相続欠格者になる可能性もあります。

遺言書に署名押印がないときは

自筆証書遺言、秘密証書遺言は、署名押印がなければ無効です。署名押印の場所は問いません。ただ、署名押印が遺言書自体にはなく封書にある場合、遺言書と一体の部分に署名押印があったとして、遺言を有効とした判例があります。しかし、封印のある遺言は家庭裁判所において相続人が代理人の立会いの下で開封しなければなりません。

秘密証書遺言では、証書への署名押印の他、証書に押印したのと同じ印鑑で封印もしなければなりません。

契印や割印をしておく

遺言書に書きたいことが多いため、遺言書が複数枚になった場合でも、1つの封筒に入れておけば同一の遺言書とみなされます。さらにホチキスなどでとじておいた方が確実です。

割印や契印（紙の綴目に印を押すこと）については、法律上定めがないので、とくに必要とはされていません。しかし、将来のトラブルを予防するためには、契印や割印をしておく方が安全だといえます。

遺言書を封筒に入れる

法律的には、自筆証書遺言を封筒に入れる場合に封をする必要はありません。封印された遺言書を開封するときは、相続人またはその代理人の立会いの下で家庭裁判所においてしなければならず、勝手に開封した場合は、5万円以下の過料に処せられますので、注意が必要です。そのため封をするときは、封筒の表に「遺言書」と書いておくだけでなく、「遺言書の開封は家庭裁判所に提出して行わなければなら

ない」と書いておくようにしましょう。なお、秘密証書遺言の場合は、封筒に入れて封印した上で、公証役場にその封筒を持参して（証人2人も必要）、自己の遺言書であることを証明してもらわなければなりません。

遺言書が2通見つかったときは

遺言書が数通ある場合であっても、それぞれの遺言書は有効です。また、相続人別に遺言書を書くこともあるでしょう。新しく書き直したが、前の遺言書を破棄していないこともあります。

法律的に正しく作成されている遺言書であれば、いずれの遺言書も有効です。ただし、それぞれの内容に矛盾がある場合、矛盾している部分については、新しい日付の遺言書の方が有効になります。

遺言書が2通見つかった場合に2通の作成日が同じであれば、時刻でも書かれていない限りどちらが新しいかわかりません。このような場合、内容に矛盾がある部分については、両方の遺言書が無効とされる可能性もあります。この場合、遺言が無効となるのは矛盾する部分についてだけであり、遺言全体が無効となるのではありません。

さらに、1通は公正証書遺言でもう1通は自筆証書遺言という場合も考えられます。この場合も効力は作成日の前後によります。きちんと法的な要件を備えていれば、後から作成する遺言書がどんな方式であっても、矛盾する部分は後にした遺言が有効となります。

遺言を取り消したいとき

遺言の取消しは遺言によって行います。ただ、日付の新しい遺言は古い遺言に優先しますから、わざわざ取り消すまでもありません。遺言者が遺言書を破棄すると、遺言を取り消したことになります。「書面が偶然に破れた」「他人が破った」というような場合はここにいう破棄にはあたらず、遺言があったことを証明できれば、遺言は実行で

きます。取消しの場合のケースは、3つに分かれます。なお、遺言の取消しをさらに取り消すことは原則としてできません。

① 前の遺言と後の遺言とが矛盾するとき

前の遺言と異なる内容の遺言書を作れば、前の遺言は取り消したものとされます。

② 遺言と遺言後の行為が矛盾する場合

別の遺言書を書かなくても、前の遺言の内容で対象になっている物を売ってしまえば、遺言を取り消したものとみなされます。遺言者が故意に遺贈の目的物を破棄したときも同じです。

③ 遺言者が故意に遺言書を破棄したとき

遺言書を故意に破棄すれば、破棄した部分について遺言を取り消したことになります。

● 遺言書が複数枚になるとき

● 遺言内容の変更

遺言書の種類	目的	方法
自筆証書遺言	加入・削除・訂正	遺言書に直接書き込んで変更
	取消し	● 遺言書の破棄 ● 遺言を取り消す旨の遺言書を作成
公正証書遺言	加入・削除・訂正	遺言を変更する旨の遺言書を作成
	取消し	遺言を取り消す旨の遺言書を作成
秘密証書遺言	加入・削除・訂正	遺言を変更する旨の遺言書を作成
	取消し	遺言書の破棄

④　遺言書の文面全体に赤ボールペンで故意に斜線を引いた場合

　近時、文面全体に赤ボールペンで故意に斜線が引かれた自筆証書遺言の効力が争われた事案で、最高裁は無効と判断を下しました。これは、赤色ボールペンで文面全体に斜線を引く行為が、一般的に、遺言書に記載された内容をすべて取り消す意思の表れだと評価されたからです。したがって遺言書全体に斜線が引かれている場合は、「故意に遺言書を破棄したとき」にあたるため、遺言そのものが無効になります。

■遺産分割後に見つかった遺言書

　遺産分割後に遺言書が見つかったときは、原則として分割は無効になります。また、遺言書が隠匿されていた場合には、相続欠格による相続人の変化が生じますから、これによる分割無効の問題も生じます。以下、いくつか特殊な場合を考えてみましょう。

①　認知の遺言

　相続人が増えることになりますが、分割無効ではなく、民法910条の規定に基づいて、認知された子から相続分相当の価額の賠償が請求されることになります。

②　廃除または廃除取消の遺言

　家庭裁判所の審判確定により、遺産分割に加わる者が変わるわけですから分割は無効になります。

③　単独包括遺贈の遺言

　単独包括遺贈とは、遺産の全部を一人に遺贈するものです。単独包括遺贈により単独取得となりますから分割は無効です。以後は分割の対象がなくなり、再分割の必要はありません。

④　特定遺贈の遺言

　遺贈財産は分割の対象ではなくなりますから、その限度で分割は無効になります。また、分割全体に影響が及べば、全体が無効になります。

222

● 遺言書作成の仕方

> 遺言書とわかるようにはっきりと「遺言書」と書きます

遺言書

遺言者○○○○は本遺言書により次のとおり遺言する。

1　遺言者は妻○○に次の財産を相続させる。

> 相続人に対しては「相続させる」、相続人以外に対しては「遺贈する」と書きます

①　遺言者名義の土地

　　所在　　静岡県伊東市一碧湖畔二丁目

　　地番　　25番

> 土地や建物の表示は登記簿に記載されているとおりに記載します

　　地目　　宅地

　　地積　　100.25平方メートル

②　○○銀行○○支店遺言者名義の定期預金（口座番号××××
　　×）すべて

> 受遺者の氏名、住所、生年月日、遺贈する財産を記入します

2　遺言者は、東村和子（東京都世田谷区南玉川１－２－３、昭和30
　年８月23日生）に、遺言者の東都銀行玉川支店の普通預金、口座
　番号1234567より金弐百万円を遺贈する。

3　その他遺言者に属する一切の財産を妻○○に相続させる。

> 具体的に記載しなかった財産の相続人についても記載しておきます

4　本遺言の遺言執行者として次の者を指定する。

　　住所　　東京都○○区○○町○丁目○番○号

　　氏名　　○○○○

> 遺言執行者を指定する場合には遺言執行者の住所・氏名・生年月日を書きます

> 金銭の場合には支店名・口座番号も記載しておきます。改ざんを防ぎたい場合には算用数字より多角文字を使用した方がよいでしょう

5　付言事項

　　妻○○は、苦しい時代にも愚痴ひとつこぼさず、ひたすら遺言者
　を支え続け、子どもたち２人を立派に育ててくれた。子どもたち２
　人はこれからも、お母さんの幸せを温かく見守ってやってほしい。

> 家族への思いなどについては、最後に「付言事項」として書き残します

令和○○年○月○日

東京都○○区○○町○丁目○番○号

> 作成日付・遺言者の住所・氏名を、正確に記載し、押印します

遺言者　　○○○○　㊞

書式　認知症の妻に土地と家を遺したい場合の遺言書

遺言書

　遺言者〇〇〇〇は本遺言書により次のとおり遺言する。
1　遺言者は、妻の〇〇に次の物件を相続させる。
　(1)　土地
　　　　　所在　東京都〇〇区〇〇町〇丁目
　　　　　地番　〇番〇
　　　　　地目　宅地
　　　　　地積　100.00㎡
　(2)　建物
　　　　　所在　東京都〇〇区〇〇町〇丁目〇番地〇
　　　　　家屋番号　〇番〇
　　　　　種類　居宅
　　　　　構造　木造瓦葺2階建
　　　　　床面積　1階　50.00㎡
　　　　　　　　　2階　30.00㎡
2　遺言者の死後、弟〇〇〇〇は直ちに妻〇〇にかかる成年後見人を選任する手続きを行うこと。

令和〇〇年〇月〇日

東京都〇〇区〇〇町〇番〇号
遺言者　〇〇〇〇　㊞

　本記載例は、夫婦に子がなく、相続人が弟だけの場合を想定しています。弟には遺留分がないので、配偶者に不動産をすべて相続させても、配偶者が弟から遺留分侵害額請求権を受ける心配はありません。なお、配偶者が認知症の場合、強制力はありませんが、遺言者本人の強い希望として、成年後見人選任手続の指示などを記載するとよいでしょう。

書式　親のいない孫に財産を遺したい場合の遺言書

遺言書

　遺言者○○○○は本遺言書により次のとおり遺言する。

1　遺言者は、亡き長男○○○○の長男つまり遺言者の孫○○○○（平成○年○月○日生）に○○株式会社の株式すべてを相続させる。

2　上記1の財産については、孫○○の親権者○○○○には管理させないこととする。

3　上記1の財産の管理者として次の者を指定し、同人に管理させる。

　　　住所　東京都○○区○○町○丁目○番○号
　　　氏名　　○○○○

令和○○年○月○日

東京都○○区○○町○丁目○番○号
遺言者　　○○○○　㊞

　本記載例で取り上げているのは、被相続人が死亡したが、それより前に被相続人の長男が死亡しており、被相続人の配偶者、二男、長男の子（被相続人の孫）が残されたというケースです。この場合、被相続人孫は、自分の親である被相続人の子（長男）に代わって、被相続人の財産を相続（代襲相続）することができます。そして、孫は代襲相続人なので「相続させる」趣旨の遺言をすることができます。遺言書に「相続させる」と記載されていれば、登記の名義変更や預貯金の解約などを、他の相続人の協力を必要とすることなく単独で行うことができます。

　もっとも、被相続人の孫が未成年の場合、原則として、その親権者である長男の妻が孫の財産管理を行います。しかし、本記載例のように財産管理者を別途指定することも可能です。

3 代筆や文字の判読、日付の記載、訂正をめぐる問題について知っておこう

日付は遺言書の絶対要件である

■ 遺言書の代筆は認められるのか

　自筆証書遺言は、遺言者本人の自筆であるのが絶対条件ですから、全文、日付、氏名については自書する必要があります。なお、相続法改正により、財産目録は自筆以外でもよいことになりました（27〜28ページ）。

　自筆証書遺言について、本人の自筆による遺言であることが証明されなければ、その遺言は無効となります。自筆かどうかが争われた場合は、おもに作成時の状況によって判断します。

　また、自筆で遺言を書く意思はあっても、病気などのために文字がうまく書けないので、他人に介添えをしてもらって書いた場合は、介添えの程度によって判断します。具体的には、介添えが遺言者が文字を書くためのもので、しかも遺言の内容に介添人の意思が介入した形跡がなければ、そのような遺言は自筆によるものと考えます。

　判例によれば、自筆証書遺言の成立に必要なのは、遺言者が文字を認識する能力と筆記する能力であり、これは視力を失った場合などにも喪失するものではありません。その上で、介添えが自筆の範囲内として許されるのは、用紙の位置に手を置くための補助を行うなど、遺言者が自らの意思で手を動かして筆記できる状態が確保されている場合に限られるので、それ以外の介添えによる場合は自筆と認めることができず、自筆証書遺言としては無効となります。

■ 遺言書の文字が判読できないとき

　遺言書が判読できない状態としては、遺言書の破損・摩滅により文

字がうすれていて物理的に読めない場合と、自筆が乱れており文字自体が読みにくい場合の2つの状態が考えられます。

遺言書の文字が判読できない場合、それが遺言者の意思による破棄であれば、その破棄された部分については遺言が取り消されたとみなされます。また、汚れなどの原因により判読不可能となっている部分は無効になります。これが遺言者以外の相続人や受遺者による意図的な（故意による）破棄であるときは、その人は相続欠格とされ、相続人としての資格を失います。この場合は破棄された箇所も遺言としての効力は失われずに有効とされます。

相続人が遺言書の文字を判読できないときは、自筆証書遺言の効力を認めることができません。もっとも、判読できないから直ちに無効だと結論づけることなく、作成時の状況や遺言者の真意から、可能な限り判読するよう相続人間で協議し、協議が調わなければ、家庭裁判所での調停を試み、それでも結論が出ない場合は訴訟を提起して判断してもらうべきでしょう。

裁判では、おもに作成時の状況から、判読できるか否か、判読できるとするとどのように判読するかを争うことになります。この際、筆跡鑑定を採用することは原則としてありません。裁判所は、筆跡鑑定の有用性については疑問を抱いているからです。実際には、相続人間の協議で結論を出して妥協するケースが多いようです。

■ 日付の記載がないときは無効となる

自筆証書遺言は、遺言書の全文・日付・氏名を自書した上で、押印しなければなりませんが、その際に記入する日付は、実際に存在する特定の日を表示する必要があります。日付の記載がない、あるいは存在しない日付を記載した自筆証書遺言は無効です。

遺言書に日付の記載が要求されるのは、遺言者が遺言を作成した時点でその遺言者に遺言するだけの能力があったかどうか判断するポイ

ントになるからです。また、内容が相互に矛盾する遺言書が２つ以上見つかった場合、内容が矛盾する部分については、最も新しい日付の遺言書が有効とされます。

遺言書に記載する日付は「令和○年○月○日」「西暦２０○○年○月○日」のように、明確な年月日を用います。元号でも西暦でもよいですし、漢数字でも算用数字でもかまいません。数字の表記は「二十三」「二三」「弐拾参」「23」のいずれの書き方も認められます。なお、「令和○年○月吉日」のような書き方は、「吉日」では日付を特定できないため無効とされます。一方、「令和○年の誕生日」「満60歳の誕生日」のような書き方であれば、年月日を特定できるので有効です。

もっとも、日付は遺言の正当性を証明する絶対要件ですから、「令和×年×月×日」ときちんと書くのが一番よいでしょう。

■ 遺言の年月日が間違っている場合

原則として遺言に記載された年月日が遺言の日付ですが、明らかに日付が間違っているケースもあります。たとえば、①「２月30日」というように暦に存在しない日付である場合、②「明治７年」のように事実上あり得ない古い日付である場合、③遺言書記載の年月日に遺言者が大手術の最中であったことが明らかで、その日に遺言者が遺言を書くことがあり得ない場合などがあります。日付に誤りのある遺言は無効とするのが原則です。しかし、遺言に日付の記載が要求されるのは、手形などの技術的要求とは異なり、遺言者の最終的な真意確認のためです。この真意確認の観点からすると、日付が誤記であることが明白であり、特定の年月日の記載があると認められる場合には、その遺言は有効だと判断される可能性があるといえるでしょう。

■ 遺言書の内容を変更する場合の注意点

自筆証書遺言や秘密証書遺言について、遺言書に加入・削除・訂正

をする場合、変造防止のため、以下のような厳格なルールが定められています（下図）。加入・削除・訂正がルールに従ったものでない場合は、遺言書の内容の変更がなかったものとして扱われます。

① 遺言書に文字を加入する場合は遺言者の印を押し、遺言書の文字を削除・訂正する場合は原文が判読できるように２本線で消し、変更後の文言を書き入れます。
② それぞれの変更後の文言を書き入れた部分に、遺言書に押印した印鑑と同じものを押します。
③ 変更した部分の左部または上部欄外に「本行○字加入○字削除」などと付記するか、遺言書の末尾に「本遺言書第○項第○行目○字加入」などのように付記します。
④ 付記した部分に、遺言者本人が署名します。

遺言書を書き直す場合

相続財産などの状態は常に変動しますから、毎年、遺言書を書き直すのはよいことです。

全文にわたって書き直すのが大変なときは、まず基本的な遺言書を作成して、これを部分的に訂正する遺言書を毎年書くということでも

● 自筆証書遺言の訂正例

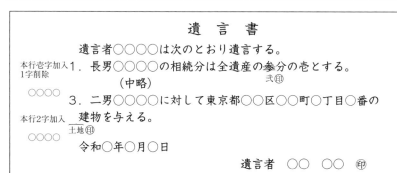

よいでしょう。これにより、後の遺言書と矛盾する部分については、前の遺言書の該当部分が取り消されることになります。

■ 遺言書の改ざんと相続欠格

遺言者以外の人が遺言書を改ざん（変造）した場合、改ざんした部分は無効です。元の遺言書自体は有効で、改ざんされていないものとして扱われます。改ざんは遺言者の意思ではないわけですから、遺言が取り消されることはありません。

相続人が被相続人の遺言を改ざんした場合、「相続に関する被相続人の遺言書を偽造し、変造し、破棄し、または隠匿した者」は相続欠格事由のひとつとされているため、相続人は相続開始時点に遡って相続人の資格を失います。民法は、相続人が死後の財産の行方について自由に決定できるように、遺言制度を認めています。そのため、無断で遺言書に自分自身が多く利益を得るように改ざんするなどして、遺言の自由を不当に侵害した相続人について、相続人としての資格を剥奪するという制裁を与えるのが相続欠格の制度です。

遺言者本人による訂正であっても、訂正前後の筆跡が違って見えるようであれば、訂正はしない方がよいでしょう。さらに、遺言書の保管には細心の注意を払う必要があります。

● 遺言書の訂正・改ざん

遺言者自身による訂正

↓

訂正後の遺言が有効

偽造　**遺言者以外の者による改ざん**　**変造**

↓

改ざん後の遺言は無効
（改ざん前の遺言が有効）

4 法律上の形式に反する遺言の効力について知っておこう

遺言は必ず遺言者の意思によらなければならない

■口頭による遺言の効力は

　遺言が有効に成立するためには、民法が定めた方式に従って遺言書を作成する必要があります。遺言者が単に口頭で述べただけのものは、有効な遺言ではありません。

　ただ、遺言者が口頭で述べて成立する遺言もあります。公正証書遺言の場合には、本人が署名できないときは、公証人がその内容を付記することで、遺言が有効に成立します。

　また、特別方式による遺言には、遺言者が口頭で述べた内容を証人が筆記するものもありますし、署名押印ができない場合の特別規定もあります。民法が定めた方式に従って作成されていれば、その遺言は有効です。ただし、証人や立会人の署名押印は必要です。

■ビデオテープやDVDなどの使用

　本人が登場して遺言内容を述べているビデオテープやDVDなどは、遺言として認めてもよさそうです。しかし、遺言の形式的要件である本人の署名押印などを備えていないので、ビデオテープやDVDなどに記録した遺言は、法的効力をもつ遺言とはなりません。

　ただ、本人の自発的意思による遺言であることがわかるように、病床での遺言作成の模様を録画するということでしたら、後日のトラブルを予防する効果があるでしょう。また、ビデオテープやDVDなどに録画した内容を記録させておけば、第三者に遺言書が破棄されてしまったとしても、遺言書が存在したことや、その内容についての証拠になることもあります。

■ 障害のある人がする遺言

　公正証書遺言は、従来、遺言者から公証人への口述、公証人による読み聞かせが厳格に要求されていたため、障害者にとっては非常に不便な制度でした。しかし、1999年の民法改正により、遺言者の聴覚・言語機能に障害がある場合には、口述の代わりに手話通訳か筆談で公証人に伝えること、公証人による内容の確認は手話通訳か閲覧の方法ですることが認められています。

　また、点字機による自筆証書遺言は認められませんが、秘密証書遺言は点字機によることもできますが、署名押印は自ら行うことが必要です。一方、全盲の遺言者であっても、普通の文字で遺言書を書くことができれば、有効な自筆証書遺言を作成することができます。

■ 共同遺言は認められるのか

　共同遺言とは、2人以上の人が、1つの遺言書によって遺言をすることです。民法では共同遺言を禁止しています。たとえ夫婦がお互いの自由意思に基づいているとしても、その夫婦が1つの遺言書で遺言をすることはできません。

　遺言は遺言者の真意が明確に表現されることが重要です。しかし、2人以上の人が同じ遺言書に遺言をしてしまうと、どの部分が誰の遺言であるのかを特定することが困難になりかねません。これでは遺言者の死後に、遺言の内容をめぐってトラブルが生じますので、民法では共同遺言を禁止しています。財産をどのように処分するか（誰に相続させるかなど）について、夫婦間で相談して決めるのは自由ですが、遺言書は必ず別々に書くことが必要です。別々の書面に書くのであれば、同じ日に遺言書を作成してもかまいません。

■ 遺言書を無理に書かせた場合

　遺言は遺言者の真意によるものでなければなりません。たとえば、

強迫や詐欺により無理に書かせた遺言は、遺言者の真意による遺言ではないので、これを取り消すことができます。
　また、無理に遺言を書かせた者が相続人であれば、遺言が取り消されるばかりか、その相続人は相続欠格となり、相続人としての資格を失うことになります（遺贈を受けることもできません）。
　さらに、遺言者が気を失っていたり、病気のために判断能力や手を動かす能力がないのに、手をとって無理に書かせた遺言は、本人が自書したとはいえませんから、自筆証書遺言としては無効とされます。

遺言能力を有しない者が書いた遺言

　遺言が有効に成立するためには、遺言者が遺言能力（遺言の内容を理解し、判断する能力のこと）を備えていることが必要です。15歳未満の未成年者には遺言能力が認められていませんし、認知症や精神上の障害などにより遺言能力がないとして遺言の効力が争われるケースも増加しています。遺言能力がないと判断されれば、遺言自体が無効になります。後日の紛争を避けるため、遺言能力に疑いが生じうる可能性がある場合は、公正証書で遺言を作成し、かつ遺言時における医師の診断書を取得するなど、遺言能力があった証拠を残しておくようにしましょう。

● 法律上の形式に反する遺言

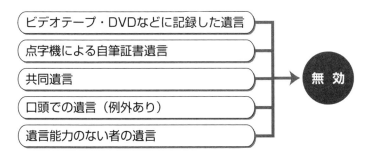

5 遺言執行者について知っておこう

遺言で遺言執行者を指定するのが原則

■遺言執行者とは

遺言には、相続人と利益が相反する内容や、相続人間の利益が相反する内容を含む場合があります。こうした場合は、**遺言執行者**が必要になります。遺言執行者は、遺言の内容を実現するため、遺言の執行に必要な一切の行為をする権利義務を有する人のことで、相続財産の管理や処分などに関する権限を持っています。

この点から、遺言執行者は相続人全員の代理人とみなされます。このことを明確にするため、2018年の相続法改正では、遺言執行者がその権限内で遺言執行者であることを示してした行為は、相続人に対して直接その効力が生じることが明記されました。

これに対し、遺言書に遺言執行者の指定（または指定の委託）がないときは、遺言の執行としての不動産登記の申請、預貯金の名義変更など、相続手続きの一切を相続人全員で行うことになります。なお、遺産分割協議が成立しても、所有権移転登記をする際には、登記申請書に相続人全員の実印が必要です。

■遺言執行者の指定や解任など

遺言執行者は、遺言によってのみ指定することができます。遺言執行者に指定されても辞退できますから、遺言をするときは、遺言執行者を引き受けてもらえそうな人を指定する必要があります。相続人や法人も遺言執行者になる資格がありますし、2人以上を遺言執行者として指定することも可能です。

遺言執行者は、就任を承諾した場合には、その任務を行わなければ

なりません。相続法改正により、遺言執行者は、任務を開始した場合にはすみやかに相続人に遺言の内容を通知しなければならないことが明文化されました。そして、遺言執行者があるときは、相続人には遺言の執行権がなく、遺言内容を執行しても無効になります。遺言執行者は、財産目録の作成などをした上で、遺言内容を執行します。

遺言執行者が任務を怠った場合、家庭裁判所は、遺言執行者を解任するか、新しい遺言執行者を選任できます。一方、遺言執行者が自ら辞任する場合は、家庭裁判所の許可を受ける必要があります。

遺言執行者の報酬は、遺言で定めておくべきですが、その定めがない場合は、家庭裁判所が報酬を定めます。遺言の執行に関する費用は相続財産から支出します。

■ 遺言執行者の選任が必要な場合

遺言において、①非嫡出子の認知、②相続人の廃除とその取消しを行う場合には、必ず遺言執行者を指定しなければなりません。①については届出の手続きを行うこと、②については家庭裁判所への申立てを行うことができるのは、遺言執行者に限定されるからです。

①②の遺言がある場合で、遺言執行者が指定されていなければ、その選任を申し立てることが必要です。申立てができるのは相続人・受遺者などの利害関係人です。申立先は相続開始地の家庭裁判所で、添付書類は戸籍謄本です。

■ 遺言執行者が登記手続きを行う

相続法改正により、遺産分割方法の指定であるか、遺贈であるかを問わず、法定相続分を超える分については、登記などの対抗要件を備えないと第三者に主張できなくなりました。そして、不動産登記の申請など、対抗要件を備えさせるために必要な行為も、遺言執行者が行うことができることが明文化されました。

6 相続分は遺言で変えられる

誰がどれだけ相続するかは遺言で指定できる

■ 相続人の範囲

　相続人の範囲は民法で法定されています。つまり、法定された範囲内の人だけが相続人となり、それ以外の人は相続人になることができません。最優先順位で相続人になるべき人を**推定相続人**といいます。

　ただし、法定相続分（239ページ）に従い相続させるのは不合理だと被相続人が考え、誰に何を相続させるかを遺言した場合、法律上は、被相続人の遺言に従い処理するという原則がありますので、遺言書により指定された人が遺産を承継します。また、相続放棄、廃除、相続欠格による相続権の喪失や、代襲相続の問題などがあるため、推定相続人が必ずしも相続人になるとは限りません。

■ 血族の相続順位

　血族とは、血縁関係のある親族のことで、直系血族（親や子など直線的につながる血族）と傍系血族（兄弟姉妹など共通の始祖から枝分かれしている血族）に分けられます。直系血族はさらに、直系尊属（上方向の直系血族）と直系卑属（下方向の直系血族）に分かれます。

　血族の相続順位の第1順位は子です。養子や胎児も含まれます。婚姻関係にない男女間に生まれた非嫡出子は、認知を受けた場合に父親の地位を相続します（母親について認知は不要です）。なお、子の代襲相続人（238ページ）が1人でもいる場合は、その人が第1順位の相続人となり、直系尊属や兄弟姉妹は相続人になりません。

　第2順位は直系尊属です。第1順位が誰もいない場合に、直系尊属が相続人となります。直系尊属の中では被相続人から見て親等の最も

近い者が相続します。たとえば、被相続人の親が1人でも生きていれば、その親が相続人となり、祖父母は相続人になりません。

第3順位は兄弟姉妹です。第1順位と第2順位が誰もいない場合に、兄弟姉妹が相続人になります。兄弟姉妹の間に優先順位はありません。なお、兄弟姉妹の子は代襲相続人になりますが、代襲相続はその子でストップしますので、再代襲（孫以降への代襲相続）は生じません。

配偶者の相続権

被相続人の配偶者は、血族とともに、常に相続人となります。相続権がある配偶者は、婚姻届が出されている正式な配偶者に限定されま

● 相続人の範囲

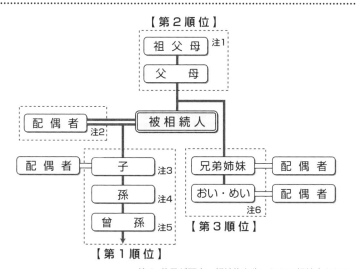

注1 父母が死亡・相続権を失ったとき相続人となる
注2 他の相続人と同順位で常に相続人となる
注3 胎児も含まれる
注4 子が死亡・相続権を失ったとき相続人となる
注5 孫が死亡・相続権を失ったとき相続人となる
　　（曾孫以降も再代襲が生じる）
注6 兄弟姉妹が死亡・相続権を失ったとき相続人となる
　　（おい・めいの子以降の再代襲は生じない）

す。内縁関係の相手方は、たとえ長年いっしょに生活し、夫婦同然だとしても、相続人となることができません。

■代襲相続とは

　代襲相続とは、本来相続人になるはずだった血族が、死亡・相続欠格・相続廃除によって相続権を失った場合、その子や孫などが代わりに相続人となることです。本来相続するはずだった血族を被代襲者、代襲相続によって相続する人を代襲相続人と呼びます。

　具体的に、被代襲者は被相続人の子か兄弟姉妹で、代襲相続人は被相続人の直系卑属かおい・めいです。したがって、被相続人の配偶者や直系尊属が相続権を失っても代襲相続は生じず、被相続人の養子の連れ子は被相続人の直系卑属でないため代襲相続人になりません。

　また、本来の相続人が子である場合に起こる代襲相続は「孫→曾孫…」と再代襲が無限に続きますが、本来の相続人が兄弟姉妹である場合に起こる代襲相続は、兄弟姉妹の子（被相続人のおい・めい）に限られることから、再代襲は生じません。兄弟姉妹について再代襲を認めると、被相続人から見るとほぼ顔も知らない人にまで財産が与えられてしまうからです。

　代襲相続が行われる原因（代襲原因）は、死亡、相続廃除、相続欠格によって、相続人となるはずだった被相続人の子か兄弟姉妹が相続権を失うことです。一方、相続放棄の場合は、初めから相続人でなかったことになるので、代襲相続は生じません。

■指定相続分と法定相続分

　相続人が２人以上いる場合、相続人が受け継ぐ相続財産（遺産）の割合を相続分といいます。相続分については、原則として、被相続人の遺言で定められた割合（指定相続分）が優先し、遺言がなければ民法という法律で定められた割合（法定相続分）に従います。

① 指定相続分

被相続人が、相続人ごとの相続分を自由に決めて（遺留分を侵害しないことが必要です）、遺言で指定した相続の割合のことです。具体的な割合を示さずに、特定の人を遺言で指名して、その人に相続分の決定を一任することもできます。

② 法定相続分

民法が定めている相続人の取り分のことです。実際に誰が相続人になるかによって、以下のように法定相続分が変化します。

・配偶者と直系卑属（第1順位）が相続人となる場合
　配偶者の相続分が2分の1、直系卑属の相続分は2分の1
・配偶者と直系尊属（第2順位）が相続人となる場合
　配偶者の相続分が3分の2、直系尊属の相続分は3分の1
・配偶者と兄弟姉妹（第3順位）が相続人となる場合
　配偶者の相続分が4分の3、兄弟姉妹の相続分は4分の1

全血兄弟と半血兄弟

従来は、嫡出子と非嫡出子との間に区別があり、非嫡出子は嫡出子

● 代襲のしくみ

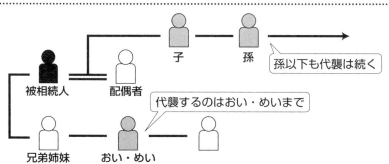

の2分の1の相続分しかありませんでした。しかし、2013年の民法改正により区別は撤廃され、相続分は同等となりました。

　例外として残っているのは、「全血兄弟」と「半血兄弟」の区別です。全血兄弟とは、被相続人と父母の双方を同じくする兄弟をいうのに対し、半血兄弟とは、父母の一方だけが同じ兄弟をいいます。

　下図のケースでは、被相続人Yに子がなく、直系尊属もすでに死亡していますから、配偶者と兄弟姉妹が相続人になります。Yから見て、Aは父も母も同じなので、Aは全血兄弟に該当します。しかし、BとCは父の後妻の子ですから、父は同じですが、母は異なるので、BとCは半血兄弟に該当します。この場合の相続分は、全血兄弟が2であるのに対し、半血兄弟はその半分の1という割合になります。

　ただし、これは子が推定相続人になる場合ではなく、兄弟姉妹が推定相続人になる場合のみの話ですので注意が必要です。

● 全血兄弟と半血兄弟

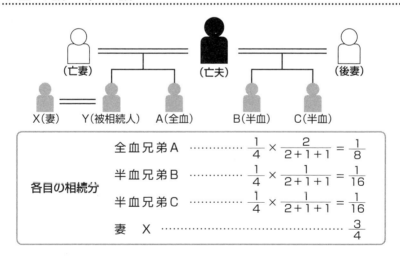

7 配偶者に認められている相続上の権利について知っておこう

配偶者は居住や遺産分割において保護されている

■ 配偶者短期居住権

　相続法の改正で新設された配偶者短期居住権とは、相続開始時に、被相続人所有の居住建物に無償で居住していた生存配偶者が、一定期間に限り、その建物に無償で住み続けることができる権利をいいます。

　配偶者短期居住権の具体的内容は、生存配偶者が、相続開始時に被相続人所有の建物に無償で居住していた場合に、相続人間で居住建物の遺産分割をすべきとき（相続や遺贈に関する被相続人の遺言がないときなど）は、遺産分割によって誰が居住建物を相続するかが決まった日、または相続開始時から6か月が経過する日、のいずれか遅い日までの期間、居住建物を無償で使用できることです。

　これに対して、生存配偶者が、相続開始時に被相続人所有の建物に無償で居住していた場合に、相続や遺贈に関する遺言などによって居住建物の所有者が決まっている（生存配偶者以外が所有者である）ときは、その所有者が配偶者短期居住権の消滅を申し入れた日から6か月が経過する日までの間、無償で居住建物を使用できます。

■ 配偶者居住権

　配偶者居住権とは、生存配偶者が相続開始時に居住していた被相続人所有の建物を対象に、終身の間、居住建物を無償で使用収益できる権利をいいます。存続期間は、遺言や遺産分割の定めにより、終身よりも短い期間とすることができますが、配偶者居住権が認められる場合には、その建物を他の相続人が活用することは困難になります。

　もっとも、配偶者居住権を成立させるためには、原則として、以下

第5章　将来に備えるための遺言や相続の知識

241

のいずれか1つを満たしていることが必要です。
① 建物の所有者は他の相続人に決定しても、配偶者に配偶者居住権を取得させる遺産分割協議が成立した
② 被相続人と生存配偶者との間に、被相続人死亡後に生存配偶者に配偶者居住権を取得させる内容の死因贈与契約が存在していた
③ 生存配偶者に配偶者居住権を取得させる内容の遺言があった

①の遺産分割協議は、相続人全員の合意が必要になるため、配偶者以外の相続人が建物を空き家として、居住以外の用途で活用したいと考えた場合には、死因贈与契約や遺言によって配偶者居住権を確保する措置が講じられていない限り、配偶者居住権には同意しないという方策をとることができます。

上記のいずれかの要件を満たすと、生存配偶者は配偶者居住権を取得し、配偶者居住権の財産的価値に相当する金額を相続したものと扱われます。これにより、居住建物の所有権を取得するよりも低額の財産的価値を相続したと扱われることから、配偶者居住権以外の財産（預貯金や現金など）を相続することも可能になることが期待されているという点も、他の相続人は知っておく必要があります。

● 配偶者短期居住権

また、配偶者居住権は登記をすることで、第三者に権利を主張することができるという点にも注意が必要です。

遺産分割における配偶者の保護

原則として、被相続人から配偶者への遺贈や一定の贈与は「特別受益」として、その特別受益額を、相続開始時に被相続人が実際に持っていた相続財産に加えるという処理（これを持戻しといいます）を行い、各相続人の具体的相続分が算出されます。しかし、被相続人からの遺贈や一定の贈与によって居住不動産を取得した生存配偶者が、生活資金となる現金や預貯金を相続できなくなり、生活が苦しくなることが少なくありません。

そこで、2018年相続法改正により、生存配偶者の生活保障を図る趣旨から、婚姻期間が20年以上の夫婦間でなされた遺贈や贈与のうち居住用不動産（建物やその敷地）については「持戻し免除の意思表示」があったと推定する規定が置かれています。

● 配偶者居住権（長期居住権）

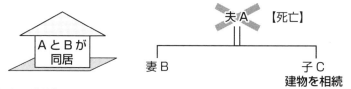

【配偶者居住権】

要件
① 建物の所有者は他の相続人に決定しても生存配偶者に配偶者居住権を取得させるという内容の遺産分割協議が成立した
② 被相続人と生存配偶者との間に、被相続人死亡後に生存配偶者に配偶者居住権を取得させるという内容の死因贈与契約が存在していた
③ 生存配偶者に配偶者居住権を取得させるという内容の遺言がある

➡ 原則として終身の間、生存配偶者がその建物を継続して使用可能

8 特別受益を受けると相続分はどう変わるのか

遺留分に反しない限りは尊重される

■ 特別受益とは

　被相続人から相続人が特別に財産をもらうことを**特別受益**といいます。特別に財産をもらった人が特別受益者です。そして、相続財産に特別受益の額を加えたものが「全相続財産」となります。特別受益者である相続人の相続分からは、贈与や遺贈の分が前渡し分として差し引かれます。これは、相続人間の平等を図るためです。

　ただし、被相続人が遺言などで、贈与や遺贈の分を特別受益として差し引かないと決めていた場合（持戻し免除の意思表示）は、それに従うことになります。特別受益分が遺留分を侵害していれば、侵害された人は、特別受益者に対して遺留分侵害額請求ができます。

■ 特別受益とされる場合

　特別受益とされるのは、次のどれかにあたる相続人に対する贈与や遺贈に限られます。

① **婚姻**または**養子縁組**のため、または**生計資金**として、特定の相続人が受けた贈与

　生計資金とは、住宅の購入資金の援助や特別な学費など、他の相続人とは別に、特別にもらった資金があてはまります。ただし、新築祝いなどの交際費の意味合いが強いものや、その場限りの贈り物などは含まれません。

② **特定の相続人が受けた遺贈**

　遺言によって財産を遺贈された場合、その目的にかかわらず、遺贈を受けた受遺者の相続分から遺贈の価額が差し引かれます。遺贈され

た財産は、被相続人の相続開始時の財産に含めて考えます。

■贈与額や遺贈額が相続分を超える場合はどうか

特別受益が相続分より多い場合は、遺産分割にあたっての取り分がなくなるだけで（相続分がゼロになります）、相続分より多い分にはとくに問題になりません。この点は、遺留分侵害額請求が権利として保障された遺留分とは違います。被相続人の自由意思で贈られた特別受益は、遺留分に反しない限りで尊重されます。

■居住用不動産の贈与・遺贈に対する「持戻し免除の意思表示」の推定に関する改正

被相続人が、自分の死後、残された配偶者が安心して暮らしていけ

● 特別受益者の具体的相続分の算定方法

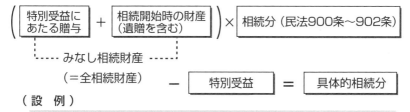

（設例）

被相続人Aの子BCDの3人が相続人として存在し、相続財産が1000万円ある場合で、BがAから200万円の特別受益に当たる生前贈与を受けていた場合、BCD各自の具体的相続分はいくらとなるか。

相続開始時の財産 1000万円	Bの受けた贈与（特別受益）200万円

みなし相続財産

Bの具体的相続分：$(200万円+1000万円) \times \frac{1}{3} - 200万円 = 200万$

C・Dの具体的相続分：$(200万円+1000万円) \times \frac{1}{3} = 400万$

るように、居住用不動産を贈与・遺贈するケースがあります。被相続人から相続人である配偶者が居住用不動産の贈与・遺贈を受けることは「特別受益」に該当します（生計資金としての贈与・遺贈に該当します）。そのため、特別受益を持ち戻した上で、それぞれの相続人の具体的相続分を計算することになります。

　たとえば、妻、子が相続人の場合で、被相続人から妻へ居住用不動産（評価額2000万円）が贈与され、相続開始時の財産は預貯金2000万円のみとします。妻と子の具体的相続分を算定する際は、贈与された居住用不動産2000万円も相続開始時の財産に含めて計算しますので、「居住用不動産2000万円＋預貯金2000万円＝4000万円」が全相続財産となります。そして、4000万円を法定相続分に応じて分配すると、妻は2000万円、子は2000万円となる結果、妻の具体的相続分は特別受益（2000万円）を控除した「ゼロ円」となるので、妻は預貯金をまったく相続できません。これでは、居住用不動産を確保できても、その後の生活に支障をきたしかねません。

　2018年相続法改正では、前述したケースの妻のような生存配偶者の生活保障を図る趣旨から、婚姻期間が20年以上の夫婦間でなされた贈与・遺贈のうち居住用不動産（建物やその敷地）については「持戻し免除の意思表示」があったと推定する（一応そのように考える）規定が置かれました。つまり、居住用不動産の贈与・遺贈については、推定をくつがえすような事実がない限り、居住用不動産の価額（特別受益）を持ち戻して計算する必要はないことになります。

　本ケースでも、夫から妻に生前贈与された居住用不動産2000万円の持戻しは原則として不要となりますので、全相続財産は「預貯金2000万円」となるとともに、特別受益分の控除も行われませんので、妻は1000万円を相続します。これにより、生存配偶者の最終的な相続財産の取得分が増加しますので、生活の安定が図られるというわけです。

246

9 寄与分を受けると相続分はどう変わるのか

寄与分は相続分にプラスされる

■ 財産形成への貢献を評価する

相続人には相続分の他に寄与分という取り分があり、相続分に加えられることがあります。**寄与分**とは、被相続人の財産の維持または増加に**特別の寄与**（財産形成に対する特別な貢献）をした相続人（貢献者）に対して、本来の相続分とは別に、寄与分を相続財産（遺産）の中から取得できるようにする制度です。

寄与分制度は、特別受益者の相続分と同様に、相続分の計算方法を修正して、相続人同士の実質的な公平を図るための制度です。

たとえば、配偶者としての貢献や親孝行などは、特別の寄与とは認められず、寄与分制度の対象になりません。しかし、被相続人に事業資金を提供したことで被相続人が倒産を免れた場合や、長期療養中の被相続人の看護に努めたことで被相続人が看護費用の支出を免れた場合などは、特別の寄与と認められ、寄与分制度の対象となります。

なお、従来相続人だけにしか認められなかった寄与分ですが、相続法の改正により一定の要件に該当する親族は、相続人に対して特別寄与料を請求することができるようになりました。

■ 寄与分の具体的な計算方法

寄与分の算出方法は、まず、相続財産の総額から寄与分を差し引いた「みなし相続財産」を決定します。次に、みなし相続財産を相続分に応じて分けて、寄与分は貢献者に与えます（次ページ図）。

たとえば、妻と長男、二男、長女の4人が相続人で、相続財産が2000万円、長男の寄与分が200万円である場合は、以下のように、貢

247

献者である長男の相続分は500万円となります。

> ・相続財産…………2000万円－200万円＝1800万円
> ・妻の相続分………1800万円×2分の1＝900万円
> ・長女の相続分…（1800万円－900万円）×3分の1＝300万円
> ・二男の相続分…（1800万円－900万円）×3分の1＝300万円
> ・長男の相続分……300万円（本来の相続分）＋200万円（寄与分）＝500万円

　寄与分の割合について特段の定めはありませんが、相続財産の総額から遺贈の価額を控除した額を超えることはできません。

■相続人以外の者の特別の寄与についての改正

　以上のように、相続財産の維持や増加に貢献を果たしたことが「特別の寄与」にあたる相続人は、自身の相続分に寄与分を加えて相続することが可能です。しかし、寄与分は相続人のみに認められるため、たとえば、相続人の妻（親族）が被相続人の療養看護に努めても寄与分として考慮されません。とくに、被相続人の死亡時点で相続人がす

●寄与分のしくみ

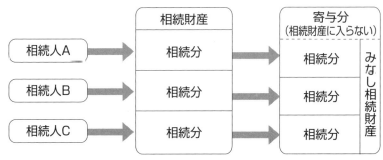

※寄与が認められた相続人Aは寄与分＋相続分を受け取ることができる

でに亡くなっている場合、その配偶者は、相続人を介して被相続人の財産を相続することもできません。そのため、被相続人の療養看護に勤めていた場合は、ますます不公平感は大きくなっていました。

次の具体例で生じる不都合を考えてみましょう。たとえば、父Aが亡くなり、Aには相続人として子Bと子Cがいて、Cの妻DがAの生前の療養看護を担当していたという場合を考えてみましょう。

このとき、Aの財産が1000万円であったとすると、法定相続分に従えば、相続人BとCが各500万円ずつを相続します。しかし、日常生活におけるAの世話を見てきたのはDであるにもかかわらず、DはAの相続に関して、何らかの主張ができないのでしょうか。

被相続人を献身的に介護したり、被相続人の家業に従事するなどして、被相続人の財産の維持や増加に特別な貢献をしたといえる場合、仮に、寄与分が認められるのであれば、その貢献を寄与分として考慮して、具体的な相続分に上乗せすることが認められます。

しかし、寄与分が認められるのは相続人に限定されているため、たとえ相続人の妻が被相続人を献身的に介護しても、その貢献は寄与分として認められず、本ケースにおけるDは、寄与分を主張することは

● 相続人以外の親族（特別寄与者）の貢献を考慮する方策

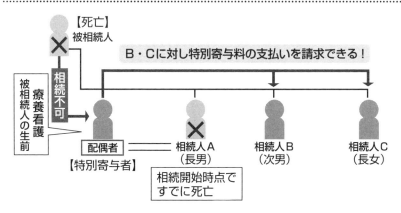

できません（ただし、Dの貢献を相続人Cの貢献と考えて、相続人Cの寄与分として認められる可能性はあります）。

こうした不公平な取扱いを是正するために、2018年相続法改正により、相続人以外の親族が無償で、療養看護や労務の提供により被相続人の財産の維持または増加に貢献したときは、相続人に対して特別寄与料を請求できるとする規定が設けられました。

つまり、本ケースのDのように、相続人でない親族が、被相続人の療養看護などによって被相続人の財産の維持・増加に特別の寄与（貢献）をした場合に、相続人に対して金銭（**特別寄与料**）の支払いを請求できるということです。

特別寄与料を請求できるのは「被相続人の親族」です。具体的には、①6親等内の血族、②配偶者、③3親等内の姻族を指しますが、相続人、相続放棄をした者、相続欠格事由に該当する者、相続廃除者は除外されます。本ケースのDは、③（1親等の姻族）にあたるので、相続人B・Cに対して特別寄与料の支払いを請求できます。

また、2018年相続法改正では、当事者間で特別寄与料についての協議が調わない場合は、家庭裁判所に処分の請求（特別寄与料を定める請求）ができるという規定も設けられています。

このように、相続人以外の親族についても、被相続人に対する貢献の程度に応じて、比較的手厚く保護する法制度が整えられたということができます。

250

10 遺留分について知っておこう

遺留分は侵害できない

■指定相続と遺留分

　遺言による相続分の指定や遺贈、さらに生前贈与は、被相続人（遺言者）の自由ですが、すべての財産を被相続人が勝手に他人に譲渡してしまうようなことがあれば、残された相続人の生活や相続への期待が守られません。そこで、兄弟姉妹以外の相続人（遺留分権利者）には、遺言によっても影響を受けない**遺留分**（法律上決められている最低限の相続できる割合）が保障されています。

　遺留分権利者全体に保障された遺留分（総体的遺留分）は、直系尊属だけが相続人の場合は相続財産の3分の1、それ以外の場合は相続財産の2分の1です。遺留分権利者が複数いる場合は、法定相続分に基づく各人の遺留分（具体的遺留分）を決めます。

　遺留分を算定する場合、その算定の基礎となる財産（基礎財産）を確定することが必要です。基礎財産は「相続開始時の財産（遺贈された財産を含む）＋生前に贈与した財産−借金などの債務」という計算式によって求めます。ただし、「生前に贈与した財産」は、相続人以外の人に対する贈与か、相続人に対する贈与かによって、遺留分の算定の基礎となる財産に含まれるかどうかの判断基準が異なります。

　まず、相続人以外の人に対する贈与は、①相続開始前の1年間にした贈与と、②相続開始の1年前の日より前にした当事者双方が遺留分権利者に損害を与えることを知った上での贈与が含まれます。

　一方、相続人に対する贈与は、2018年相続法改正により、遺留分算定の基礎財産に算入される相続人に対する生前贈与の範囲について、③相続開始前の10年間にした特別受益となる贈与と、④相続開始の1

251

年前の日より前にした当事者双方が遺留分権利者に損害を与えることを知った上での贈与が含まれることが明記されています。

また、負担付贈与がなされた場合、遺留分算定の基礎財産に算入するのは、その目的の価額から負担の価額を控除した額となります。

さらに、不相当な対価による有償行為（著しく廉価な価額で売却する行為など）がなされたときは、当事者双方が遺留分権利者に損害を与えることを知っていた場合に限り、不相当な対価を負担の価額とする負担付贈与がなされたとみなします。

遺留分侵害額請求とは

遺留分が侵害された場合、遺留分権利者は、遺贈や贈与を受けた相手方に対し、侵害された遺留分の回復を請求することができます。これを**遺留分侵害額請求**といいます。

遺留分侵害額請求の方法に限定はなく、遺留分を侵害している受遺者や受贈者に対して、遺留分侵害額請求権を行使するという意思表示をすれば足ります。遺留分侵害額請求は、まず遺贈について行い、それでも遺留分の侵害が解消されない場合は、贈与（生前贈与）につい

● 法定相続分の違いによる遺留分

	配偶者	子	直系尊属	兄弟姉妹
①配偶者と子がいる場合	$\left(\frac{1}{4}\right)$	$\left(\frac{1}{4}\right)$		
②子だけがいる場合		$\left(\frac{1}{2}\right)$		
③配偶者と父母がいる場合	$\left(\frac{1}{3}\right)$		$\left(\frac{1}{6}\right)$	
④父母だけがいる場合			$\left(\frac{1}{3}\right)$	
⑤配偶者だけがいる場合	$\left(\frac{1}{2}\right)$			
⑥配偶者と兄弟姉妹がいる場合	$\left(\frac{1}{2}\right)$			(0)
⑦兄弟姉妹だけがいる場合				(0)

て行います。贈与については「後の贈与」(一番新しく行われた贈与)から順番に、遺留分の侵害が解消されるまで、遺留分侵害額請求が行われます。なお、相続人に対する特別受益にあたる贈与は、相続分の前渡しとみなされます。この場合の贈与は、相続人以外への贈与とは異なり、1年以上前の特別受益にあたる贈与であっても遺留分侵害額請求の対象になります(2018年相続法改正により、10年前までの特別受益にあたる贈与に制限されることになりました)。

遺留分侵害額請求権の消滅

遺留分侵害額請求権の行使期間は1年間です。この「1年間」の計算については、相続開始および遺留分を侵害する贈与や遺贈があったことを知った日から数え始めます。ただし、相続開始または遺留分を侵害する贈与や遺贈があったことを知らずにいたとしても、相続開始日から10年を経過したときは、遺留分侵害額請求権が消滅します。

どのように遺留分侵害額請求をするのか

遺留分侵害額請求をしたい遺留分権利者は、各自で意思表示をしなければなりませんが、時効による権利消滅を防ぐため、通常は配達証明付内容証明郵便で請求します。その場合、遺留分を侵害している受

● 遺留分侵害額請求

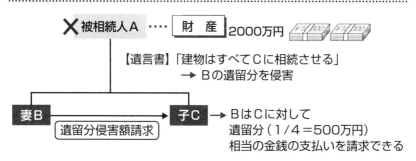

遺者や受贈者の全員に送付します。交渉が困難な場合は、家庭裁判所の調停や、訴訟の提起を通じて請求することになります。

■受遺者等が相続債務を消滅させる行為をした場合

被相続人の事業を承継するため、債務を含めてすべての財産を承継した特定の相続人に対し、他の相続人が遺留分侵害額請求権を行使したとします。たとえ特定の相続人がすべて承継することになっても、相続債権者は、各相続人に対し法定相続分に応じた相続債務の弁済を請求できるため、遺留分権利者も相続債務を負っています。

2018年相続法改正では、受遺者等（受遺者や受贈者）が相続債務を弁済するなどして相続債務を消滅させた場合、受遺者等は、消滅した相続債務額の限度で、遺留分権利者に対し、遺留分侵害額請求権の行使により負担した金銭債務の消滅を請求できると規定されました。

■遺留分侵害額請求の効果

遺留分侵害額請求権の前身にあたる遺留分減殺請求権は、財産自体の取戻しを認めていましたので、相続財産が不可分な不動産などである場合、当然に不動産などの所有権について相続人同士の共有関係に入ることを強制していました。これに対して、遺留分侵害額請求権では、不可分な相続財産については、金銭による解決を図ることになります。つまり遺留分侵害額請求権を行使しても、遺留分権利者に財産の所有権は帰属せず（財産の取戻しの否定）、事業承継などをスムースに進めることができます。遺留分侵害額請求権を行使すると、遺留分侵害額相当の金銭債権が発生することになり、遺留分権利者は、受遺者や受贈者に対し、遺留分侵害額に相当する金銭の支払いを請求できるにとどまるわけです。

■遺留分の放棄には家庭裁判所の許可が必要

たとえば、ある人が生前に、配偶者に主要な財産を残したいと思った場合には、配偶者以外に相続人になる見込みの人たちと話し合って遺留分を放棄してもらう方法があります。他の相続人が遺留分を放棄した場合には、配偶者は、相続によって他の相続人の遺留分を侵害しているとしても、遺留分侵害額請求を受けずに済むということです。

被相続人の生前に遺留分を放棄したい場合は、遺留分権利者が自ら家庭裁判所に対し「遺留分放棄許可審判申立書」を提出して、遺留分放棄の許可を得なければなりません。被相続人の生前に自由な遺留分の放棄を認めると、被相続人や他の推定相続人により強制的に遺留分を放棄させられるおそれがあるため、遺留分の放棄が本人の真意に基づくものであるかどうか、相続人の利益を不当に害するものでないかどうかを家庭裁判所で審理してもらうことにしています。

■相続開始後の遺留分の放棄

相続開始後は、遺留分を自由に放棄することができます。遺留分の放棄の方法については、特段の規定がありませんので、たとえば遺留分を放棄することを遺産分割協議の場で表明をしても有効です。

ただし、相続財産（遺産）の存在などの事実関係に関する誤った認識や、他の相続人による詐欺や強迫（脅し）などがあれば、遺留分の放棄も含めた遺産分割協議の無効などが問題になる場合があります。

● 遺留分放棄をするには

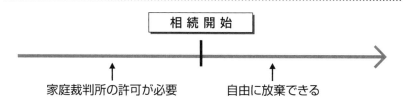

【監修者紹介】

松岡　慶子（まつおか　けいこ）

認定司法書士。大阪府出身。神戸大学発達科学部卒業。専攻は臨床心理学。音楽ライターとして産経新聞やミュージック・マガジン、クロスビート、ＣＤジャーナルなどの音楽専門誌等に執筆経験がある。2013年4月司法書士登録。大阪司法書士会会員、簡裁訴訟代理関係業務認定。大阪市内の司法書士法人で、債務整理、訴訟業務、相続業務に従事した後、2016年に「はる司法書士事務所」を開設。日々依頼者の方にとって最も利益となる方法を模索し、問題解決に向けて全力でサポートしている。

監修書に『図解で早わかり　商業登記のしくみ』『図解で早わかり　不動産登記のしくみと手続き』『福祉起業家のためのNPO、一般社団法人、社会福祉法人のしくみと設立登記・運営マニュアル』『入門図解　任意売却と債務整理のしくみと手続き』『最新　不動産業界の法務対策』『最新　金銭貸借・クレジット・ローン・保証の法律とトラブル解決法128』『図解　土地・建物の法律と手続き』『入門図解　内容証明郵便・公正証書・支払督促の手続きと書式サンプル50』『入門図解　相続・遺言・遺産分割の法律と手続き　実践文例82』（いずれも小社刊）がある。

はる司法書士事務所
大阪府大阪市中央区平野町3-1-7　日宝平野町セントラルビル605号
電話：06-6226-7906
mail：harulegal@gmail.com
http://harusouzoku.com

すぐに役立つ
財産管理【信託・成年後見・遺言】の法律知識と活用法

2019年6月30日　第1刷発行

監修者	松岡慶子
発行者	前田俊秀
発行所	株式会社三修社
	〒150-0001　東京都渋谷区神宮前2-2-22
	TEL　03-3405-4511　FAX　03-3405-4522
	振替　00190-9-72758
	http://www.sanshusha.co.jp
	編集担当　北村英治
印刷所	萩原印刷株式会社
製本所	牧製本印刷株式会社

©2019 K. Matsuoka Printed in Japan
ISBN978-4-384-04814-8 C2032

JCOPY 〈出版者著作権管理機構　委託出版物〉

本書の無断複製は著作権法上での例外を除き禁じられています。複製される場合は、そのつど事前に、出版者著作権管理機構（電話 03-5244-5088　FAX 03-5244-5089 e-mail: info@jcopy.or.jp）の許諾を得てください。